松沢裕作
Yusaku Matsuzawa

自由民権運動

〈デモクラシー〉の夢と挫折

岩波新書
1609

はじめに

一八七四(明治七)年一月一七日、板垣退助ら八人が、国会の開設を要求する建白書を政府に提出する。いわゆる「民撰議院設立建白書」の提出、自由民権運動の始まりである。

「自由民権」という言葉を聞いて、読者はどのようなイメージを持つだろうか。おそらく、それはどちらかといえば肯定的なイメージではないだろうか。現代の言葉でいえば「自由」と「民主主義」である。現在、日本列島に住む多くの人びとにとって、それは当然のように尊重しなければならない価値をもつものである。そして、現代日本において、「自由」と「民主主義」が十分に達成されていないとか、あるいは将来それが制限される可能性がある、とか感じられるとき、人びとは、憲法も議会も存在しなかった時代に、国会開設を求めて闘った自由民権運動を思いおこす。

しかし、明治の自由民権運動に参加した人びとの価値観は、本当に現在の私たちの価値観と同一のものなのだろうか。

一つの事例を紹介しよう。一八八〇(明治一三)年、秋田県に「秋田立志会」という民権結社が結成された。会長の名前を柴田浅五郎という。柴田はこのとき二八歳。秋田県の中農の家に生まれ、東京で事業をおこそうと企てたりする山っ気の多い人物であったらしいが、一八七八(明治一一)年には東北地方の民権運動家を結集した会議「東北七州有志会」に参加し、その後民権運動の本場・土佐も訪問しているれっきとした民権家である。

ところが、一八八一(明治一四)年四月二〇日の地元新聞には、秋田立志会について次のような記事が掲載されている。秋田立志会の主張は、封建制の社会に復古し、徴兵制を廃止し、それにかわって立志会員が軍事力の担い手になる、ということだ。もし事件がおこれば秋田立志会は会長の命令のもと軍事行動をおこすことになる。したがって会員は平素から撃剣の修業につとめなければならない。もし権力を握ったならば、立志会の会員は「永世禄《えいせいろく》」を与えられて士族となるだろうと彼らは宣伝している……。

この記事の伝えることは現代人の眼からはとても不思議な現象であるように映る。なぜ、自由と民主主義を訴えるはずの民権結社に参加することが、その参加者を士族にする、という主張と結びつくのであろうか。むしろそうした特権的存在を廃止することこそが自由民権なのではないか。

一見すると現代人には理解できない現象を説明することが歴史家の仕事である。冷静に考えてみれば、自由民権運動はすでに一二〇年以上前の出来事である。その間にはいくつもの戦争があり、二つの憲法が制定された。それだけ隔たった過去に属する民権運動に、私たちの価値観を簡単に投影することはできない。自由民権運動は歴史のなかで改めて考え直される必要がある。そうしなければ、秋田立志会のような集団の謎を解くことはできない。

こうした課題を果たすために、本書は以下の三点を柱に、自由民権運動を見てゆく。

第一に、自由民権運動とは、江戸時代の社会(近世社会)の解体のなかから生まれてきた運動であるということだ。近世社会は身分制の社会であった。そこではそれぞれの個人は何らかの身分集団に属し、その身分に応じた役割を果たしていた。ところが明治維新後、人びとはそれまで属していた身分集団から投げ出され、身分制社会にかわる新しい社会をつくらなければならなくなる。一言でいえば、自由民権運動とは、近世身分制社会にかわる新しい社会を、自分たちの手でつくり出そうとする運動なのである。

重要なのは、新しい社会づくりを、人任せにせず、自分たちの手でやり遂げようとした点に自由民権運動の特徴がある、ということだ。そのような自由民権運動の性格を理解するためには、近世社会がどのような社会で、それがどのように解体していったのかをふまえる必要がある。そして、近世社会にかわる社会の形がほぼ定まってしまえば、自由民権運動の時代は終わる。筆者はそれを一八八四(明治一七)年ごろのことと考えている。

第二に、近世社会が終わったのは、戊辰戦争という内戦を通じてであった。だから、近世社会にかわる社会の構築を目指す自由民権運動は、戊辰戦争に大きく規定されている。

戦争というものは、統治者だけではなく、民衆も含めた多くの人びとの協力を必要とする。近代日本において「デモクラシー」の時代は、かならず戦争の後の時期に現れる、という指摘がある。たとえば、日露戦争で多くの国民が戦場で命を賭し、あるいは重税に耐えたことが、日露戦後、人びとの政治参加への要求を引きおこした。それが「大正デモクラシー」の時代を出現させたのである。一五年戦争後のいわゆる「戦後デモクラシー」も同じ構図である。筆者は、戊辰戦争も同様の効果をもったと考える。自由民権運動とは「戊辰戦後デモクラシー」なのである。

第三に、明治初めという時代には、近世社会にかわる社会を、どのような手段で、どのような手続きで、またどのような社会として構想するか、という点について、多様な考えが存在したということである。自由民権運動の外には、それを冷ややかな目で見る人びとも存在したし、またまったく独自のユートピア幻想のようなものを抱いている民衆も存在した。自由民権運動はときにそうした外部の構想や思想に反発したり結びついたりしながら展開する。自由民権運動だけを取り出すのではなく、当時の多様な運動と構想のなかに、それを位置づけながら考えてゆくことが必要なのである。

そこから浮かび上がってくるのは、民権家たちがさまざまな問題に直面する姿である。いつの時代も、善意と理想を抱き、新しい社会を目指す人びとの運動が、つねに明確な目標を持っているとも限らないし、その目標を達成できるとも限らない。現実と向き合うなかで善意と理想が暴走することもあれば、挫折した運動のエネルギーが当初とは別の目標に向かってしまうこともある。自由民権運動もその例外ではない。

そうしたことを知るのは、現代を生きる私たちが「新しい社会」について考えたり、社会を変えるための運動について考えたりするときにも、示唆を与えてくれるのではないだろうか。単に私たちの価値観の先駆者としてではなく、歴史のなかの自由民権運動の栄光と悲惨を冷静に見つめてゆきたい。

目次

第一章
戊辰戦後デモクラシー

西　暦	出　来　事
1867(慶応 3)	12月9日　王政復古のクーデタ
1868(慶応 4・明治元)	1月3日　鳥羽・伏見の戦い
	4月11日　江戸城開城
	4月～5月　宇都宮・日光での旧幕府軍と新政府軍の戦闘
	5月17日　尾張藩草莽隊，名古屋を出発
	7月26日　三春藩，新政府に恭順
	11月5日　板垣退助ら土佐藩兵，高知に凱旋
1869(明治 2)	3月　高知藩藩政改革実施，地方知行廃止，陪臣の直臣化
	5月　河野広中，政府に三春藩の藩政改革をもとめる意見書を提出
1870(明治 3)	12月　高知藩「人民平均」を掲げた藩政改革を布告
1871(明治 4)	7月14日　廃藩置県
1872(明治 5)	11月28日　徴兵告諭が発せられる
1873(明治 6)	10月23日・24日　西郷，板垣，後藤，江藤，副島の五参議，辞表提出(征韓論政変)

一　戦場での出会い

二人の人物

板垣退助と河野《こうの》広中《ひろなか》の出会いの場面から始めようと思う。

高知の板垣退助と福島の河野広中は、ともに著名な民権運動家である。板垣はいうまでもなく、自由民権運動の口火を切った一八七四(明治七)年の「民撰議院設立建白書」の提出を主導した人物であり、河野広中は民権運動と政府との正面衝突とも呼ぶべき一八八二(明治一五)年の福島事件の中心人物である。

しかし、この二人が民権運動史を語るのに欠かせない人物とされてきたのにはもう少し立ち入った理由がある。板垣は土佐出身の士族であり、かつての政府首脳の一人である。板垣は、民権運動が、西日本の士族たちを主たる担い手として始まったことを象徴する人物である。これに対して、福島の三春《みはる》出身の河野広中は、民権運動の研究者たちによって、運動の新しい段階を象徴する人物としてとらえられてきた。つまり、明治一〇年代以降、民権運動の担い手が、出自的には士族以外へ、また地域的にも東日本へとその裾野を広げていったことの象徴が、福島の民権家・河野広中である、と考えられてきた。そして、こうした視点から、河野が一八七七(明治一〇)年、福島からはるばる高知を訪れ、板垣や、土佐派の理論家・植木枝盛《うえきえもり》と面会した事実が、運動の新しい段階を画する出来事として理解されてきた。

しかし、実は板垣退助と河野広中は、一八七七年の河野の高知訪問以前から面識があった。二人が出会ったのは、これをさかのぼること九年前の一八六八(慶応四・明治元)年七月。場所は、当時、戊辰戦争の最前線であった陸奥国白河郡棚倉町(現在の福島県棚倉町)である。

慶応四年・三春藩

河野広中は、一八四九(嘉永二)年七月七日、三春の魚問屋の家に生まれた。幕末期は信次郎と名乗っている。

河野の生まれた一八四九年は、ペリー来航の四年前である。ペリー来航と条約締結にはじまる幕末の政治的動乱のなかで少年時代を送り、兄の河野卯右衛門《こうのうえもん》(広胖《ひろやす》)らとともに、尊皇攘夷思想への傾斜を深めてゆく。少年期の愛読書は、『三国志』や『太閤記』、その他軍学に関係する書物であったという。河野の関心は、軍事に寄せられていたのである。

一八六七(慶応三)年一二月九日、京都でクーデタがおき、王政復古が宣言され、新政府が樹立される。新政府軍と旧幕府軍は、一八六八(慶応四・明治元)年一月、鳥羽・伏見で交戦し、戊辰戦争がはじまる。

河野の住む三春藩の態度は二面的であった。東北地方では、会津藩の処分問題をめぐって、新政府の措置を否とする諸藩が奥羽越列藩同盟を結成し、新政府軍への抵抗姿勢を明確にする。三春藩もこの列藩同盟の一員となった。しかし一方で、京都に駐在していた三春藩の重役は、新政府に、列藩同盟への参加は、小藩ゆえ周辺の諸藩に強いられたものであると嘆願し、あくまで藩の本意は新政府への恭順であることを訴えていたのである。

すでに尊皇攘夷思想に傾斜し、また軍事への関心も深い河野兄弟にとって、三春藩の周辺でたかまった軍事的緊張は重大な関心事であった。河野兄弟を含む三春の尊皇派は、三春を列藩同盟から離脱させ、新政府軍に参加させる運動を開始するのである。

河野広中．三春町歴史民俗資料館蔵

六月一九日、三春の尊皇グループを代表して、広中の兄・河野卯右衛門と影山東五は三春を出発し、尊皇グループの建白書と、新政府軍への情報提供となる地図を持ち、すでに東北地方に進んでいた新政府軍への接触を試

板垣退助. 出典『明治十二年明治天皇御下命「人物写真帖」』. 宮内庁三の丸尚蔵館蔵

みる。七月六日、両名は棚倉の新政府軍本営に到着、ここで新政府軍の参謀板垣退助に面会し、土佐藩の一部隊であった断金隊《だんきんたい》に預けられ、隊長美正貫一郎《みしょうかんいちろう》の指揮下に入った。

七月九日、卯右衛門は三春の藩情を探るべく一度三春に戻り、一六日、ふたたび棚倉に来る。そして、それを追うようにして卯右衛門の弟・河野信次郎、すなわち広中が棚倉に向かう。広中の任務は、米沢・会津軍の三春進軍がせまっており、情勢が緊迫していると新政府軍に伝えることであった。

そして七月二一日、河野広中は、棚倉で断金隊長美正貫一郎のもとで参謀板垣退助に面会するのである。情勢を板垣に伝えた広中は三春に戻る。広中の伝記は、三春の藩論を列藩同盟側から新政府側に転換させるために、三春で広中が大活躍したと述べている。もっとも、三春藩の態度が最初から二面的であったことを考えるならば、広中の行動の影響力は、割り引いて考えなくてはなるまい。ともかくも、七月二六日、三春藩は新政府に恭順することに決し、新政府軍の入城を受け入れたのである。

三春藩はこうして、列藩同盟軍の一員から、今度は新政府軍の一員へと立場を替えることになった。新政府軍の一員としての三春藩は、抵抗を続ける会津藩への攻撃に参加することになる。河野広中もこの戦いに、三春藩一番隊の一員として従軍している。

以上が、板垣退助と河野広中の出会いの顚末である。このとき、一方は新政府軍を構成する土佐藩の軍事指揮官であり、一方は三春藩を新政府側に転向させようとするグループの一員であった。商人の息子である河野は、江戸時代の政治体制のもとでは、本来、政治から排除された位置にいた。そうした河野に、政治活動の意欲を与えたのは、幕末の政治的動乱であり、その実現の機会を与えたのは、戊辰戦争という藩の危機であった。そして河野は、三春藩の新政府への恭順、新政府軍の勝利を通じて、戊辰戦争の勝者の側に立つことができた。

板垣と河野の出会いの場面は、この二人がともに、戊辰戦争のまぎれもない勝者であったことを物語っている。しかし、戦争の勝者であることは、彼らが戦後を有利に生き抜くことを保証しない。戊辰戦争最大の戦闘であった会津攻撃の指揮官板垣退助が戊辰戦争の功労者であることは自他ともに認めるところであっただろう。河野広中も、広中なりに、小藩とはいえ、三春藩という一つの藩を危機から救った功労者という自己意識を抱くようになるのは自然である。問題は、功労者としての自己意識にふさわしい処遇が、戦後の彼らに用意されるかどうかである。こうして、勝者のやっかいな戊辰戦後がはじまる。

二　それぞれの戊辰戦後

河野広中の藩政改革運動

戊辰戦後の河野は三春藩の藩政改革運動に乗り出す。伝記によれば、河野が改革を志向したのは官軍が三春に入った直後であったという。藩論の転換にもかかわらず、以前から藩の中枢を占めてきた門閥層の支配に変化がないことが河野の不満であった。河野は、土佐藩断金隊の隊長美正貫一郎に相談し、藩政改革への援助を求めた。要するに土佐藩の軍事力を背景に改革を断行させ、自らも藩政の中枢に参画しようとしたのである。しかしこの計画は、官軍がただちに会津に進軍し、河野も三春藩兵の一員としてこれに従軍することになったために頓挫する。

戦争終結後、帰郷した河野は改革運動を再開する。一八六九(明治二)年五月に河野は一通の意見書を中央政府に提出したようだ。そのなかで河野は、三春藩政の実情が守旧的であり、藩内の力だけでは門閥を排除して、才能のある者を登用することは困難であるから、政府から適切な人物を三春に派遣してほしい、と述べている。

しかし、いかに河野が主観的には功績を誇ったとしても、藩首脳にしてみれば、それは河野の過大な自己評価にうつったのではないだろうか。なぜなら、河野が主導した藩論の転換、新政府への恭順は、そもそも戊辰戦争勃発時点から藩首脳のあいだでは検討されていた選択肢なのであり、京都ではすでに新政府への恭順が届け出られていたからである。そうした藩首脳からみれば、河野の改革要求は、新政府の力を借りることで自分が藩内でのし上がることを目指しているように見えたであろう。

かくして河野は不遇であった。一八六九年一一月、河野は三春を去り、若松県の役人となった。若松県とは旧会津藩領に設定された政府の直轄地である(明治維新から一八七一(明治四)年の廃藩置県までの時期、府県の名称は旧幕府領など、新政府の直轄地にのみ用いられた。府県と藩が併存していた時期である)。しかし、ここでも上司と対立、ふたたび三春に戻る。三春藩の捕亡取締《ほぼうとりしまり》という警察関係の下級の役職に就くが、やはり上司との関係がうまくゆかず、解職されている。

板垣退助の凱旋

一方の板垣退助である。板垣ら土佐藩兵は、一八六八(明治元)年一一月五日、高知に凱旋、板垣は土佐藩陸軍総督、家老格に任じられた。しかし、土佐藩は外からも内からも大きな変化の時期を迎えつつあった。

まず外からの変化である。一八六八(明治元)年一〇月二八日、政府は「藩治職制」を制定し、各藩の制度の統一に着手する。これまで各大名家の自由に任されていた藩内の統治に政府の規制が加わるようになり、藩は、建前上は府県と同様、政府の統治機構の一部に位置づけられることになった。家老、年寄などさまざまに呼ばれていた藩の幹部の名称は、執政・参政・公議人の三種に統一され、実力本位が強調された。なお、「藩」という名称自体が「藩治職制」以前には俗称であり、このときにはじめて採用され、それぞれに正式の藩の名称がつけられることになる。土佐では「高知藩」が正式名称として採用される(以下、「藩治職制」以前は「土佐藩」、以後は「高知藩」の名称を用いる)。

次に内からの変化である。高知藩の藩内情勢も複雑であった。まず、高知藩内では、幕末以来の路線対立と階層対立が尾を引いていた。

土佐藩主・山内容堂は、将軍徳川慶喜に大政奉還をおこなうよう勧めたことで知られる。その容堂を支えたのが後藤象二郎であった。大政奉還の時点での容堂・後藤の路線は、徳川家も含めた大名の連合体による新政権を構想するもので、「公議政体論」と呼ばれる。これに対して、土佐藩内には、薩摩・長州と結び軍事力による幕府の打倒を目指す倒幕派も存在した。板垣はこの倒幕派の有力者であった。

くわえて土佐藩内には、上級士族(上士《じょうし》)と下級士族(下士《かし》・郷士《ごうし》)の根深い対立があった。もともと藩内で重職に就くのは上士に限られていたが、幕末の政治的動乱のなかで下士・郷士の運動が活発となり、存在感を増していた。

戊辰戦争後の高知藩で実権を握ったのは、大政奉還の立役者後藤象二郎と、戊辰戦争の英雄板垣退助の連合政権であった。二人はいずれも上士出身である。板垣、後藤は、一八六九(明治二)年三月に政府が東京に移ったのち、基本的には東京に滞在し、前藩主容堂とともに、東京から藩政を指導した。

後藤象二郎. 出典『伯爵後藤象二郎』

一方、国許の高知で実権を握ったのは、下士・郷士を含む凱旋した軍人たちである。のちに明治政府の政治家として重きをなす谷干城《たにたてき》、また民権運動家として板垣の盟友となる片岡健吉らがこのグループに属しており、藩の軍務局という組織がその拠点となっていた。

東京の板垣・後藤と、高知の谷らは対立していた。谷は、東京の藩首脳は「交際を名として官金」を浪費している、と批判している。

家格への執着

後藤ら首脳部は、主導権を確保するため、一八六九(明治二)年から七〇(明治三)年にかけて、藩政改革を実施する。

谷干城. 出典『明治十二年明治天皇御下命「人物写真帖」』. 宮内庁三の丸尚蔵館蔵

まず一八六九年三月の改革は、(1)家老以下すべての家臣団の禄高の削減、(2)家臣が直接支配していた地方知行地をすべて藩の直轄地(蔵入《くらいり》地《ち》)とする、(3)家臣の家来、すなわち陪臣をすべて藩主の直接の家来、すなわち直臣とする、の三点から成り立っていた。藩内の権力を藩庁に集中させることをねらったものといってよい。

つづいて同年一一月二四日、旧来の家臣団の格式が廃止され、藩内の士族は一等から五等まで、卒族(下級の武士)は一等から三等までの等級に再編された。

しかし、谷らの軍人グループは首脳部攻撃をやめなかった。一八七〇年八月、軍務局は一八か条の意見を提出し、藩政の中心を高知におくことと、質素・倹約を旨とする改革を主張した。

さらに中央政府の藩に対する統制も一段と厳しさを増す。翌年九月、政府は「藩制」という法令を布告し、藩の職制を知事・大参事・小参事などに改称すると同時に、知事の家計と藩の財政を分離して大名家の私的性格を除去した。さらに、家臣団のなかに「士族」と「卒」の二つの階層以外に家格のような等級を設けてはならない、と指示された。

すでに述べたように、前年の一一月に高知藩は士族・卒族の等級制を導入していたが、藩制に従えばこのような等級制は廃止しなくてはならない。ところが、等級制の廃止に抵抗を示していたのは、のちの自由民権運動の指導者たる板垣退助その人であった。

藩制の発布以前から、板垣は藩内の人物を家格によって差別する人物であると認識されていた。高知藩出身で、政府の刑法官という役所に勤務していた佐佐木高行は、一八六九年三月、同藩人から聞いた話として、板垣は人事の相談の際に、誰々は足軽であるからなどと異論を唱えて後藤を閉口させている、という情報を記録している。また、士族・卒族の等級制廃止が議題にのぼっていた一八七〇年の六月、佐佐木のもとを訪れた板垣は、士族等級制の廃止は「真の困難」であると述べ、従来家格の厳格であった高知藩で、藩主の一族から足軽までがひとまとめにされてしまってはとても藩内のまとまりがつかない、と述べている。

しかし、こうした板垣の態度は、単に旧来の家格制度への執着とのみ評価することはできない。士族等級の廃止が高知藩内にもたらす困難の原因について、谷干城は次のように回想している。戊辰戦争の功績によって家格を上昇させた者が多数おり、板垣その人も抜群の功績によって家老格の地位を与えられた人物である。そのように軍事的功績によってせっかく獲得した家格が、等級制廃止によって一挙に失われてしまうことになるところに困難がある、と。戊辰戦争の功績を、功績をあげた当人の納得のゆくように、どうやって評価すればよいのか。高知藩の直面した問題は、実は東北で河野広中がかかえていた不満と共通の原因から発していたのである。

「人民平均」

一八七〇(明治三)年九月、高知藩は政府に伺書を出し、五等の士族等級は廃止するとしても、せめて「上下」の二つに分けることは可能か、と伺いをたてた。政府はこれを却下した。行き詰まった高知藩首脳は根本的な改革へと飛躍する。一八七〇年一一月三日、政府に六か条の伺書を提出し、政府の許可を得て、一二月、改革を断行する。その内容は以下のようなものである。

第一に「人民平均」の趣旨にもとづき、士族が文武の役職を独占するという統治の原理を廃止する。第二に、役人・軍人は、士族・卒・平民全体のなかから抜擢する。第三に、士族の禄制を改革し、給与ではなく家産という扱いにする。第四に、士族の軍事力独占を廃止し、新たに軍隊をつくることの結果として、士族に支給される禄は削減する。第五に、士族・卒・平民の区別は単なる呼称の区別であり、農工商の職業の呼称とは無関係なものとする。第六に、藩庁は藩内住民全体の民政を管轄する機関とし、藩住民全体の戸籍を編製する。

「人民平均」の原理を導入し、士族の政治権力・軍事力独占を放棄する。これは近世の藩体制の根本的な変革宣言である。しかし、この改革が、のちの民権運動指導者・板垣退助や後藤象二郎によっておこなわれたからといって、人間の平等性にめざめた先覚者による時代に先駆けた改革、と評価してしまうのは早計である。それは、これまでの経緯に照らして明らかだろう。

佐佐木高行は後年、次のように回想している。この改革は、天下に率先しておこなわれた改革として称賛されたが、その原因は、士族等級廃止に板垣が反対を唱えたことにある。結局、身分制そのものの原理の破壊という「大浩水」(大洪水)によって事態を打開するしかなくなり、おこなわれたのが、この改革なのである。幸運にもかえって称賛されたということを考えるならば、この原因は「笑うべき」ものである、と。

ついに「人民平均」にまでたどりついてしまった高知藩の藩政改革の原動力は、戊辰戦争の功績を背景にした首脳部と反主流派の主導権争いだった。この時点での板垣退助の思想は自由主義でも民主主義でもない。彼は士族の家格の存続に頑なに固執する。なぜ彼が士族の家格に固執するかといえば、彼の家格は戊辰戦争の軍事的功績によって彼自身が獲得したものであるからだ。板垣・後藤を批判する谷干城ら反主流派の影響力を支えていたのも、彼らの軍事的功績であった。両者の共通の基盤は、戊辰戦争の勝利という事実である。

無自覚的にせよ、ここには、勝利に貢献した者が政治参加の権利を持つべきである、という主張がある。板垣の家格への固執は、皮肉にも、本来的な家格の原理、つまり功績のあるなしにかかわらず高い家格の家に生まれた者が高位の役職に就く、という原理を揺るがすものであった。だからこそ、身分制そのものの破壊という「大洪水」がおきたのである。身分制を破壊し、政治参加の資格を、有能な者の抜擢という原理に転換してしまえば、戊辰戦争の功績者たちがそこで優位を占める可能性があったからである。

戊辰戦争の勝者たちの政治参加要求。高知藩において身分制の解体をもたらしたのは、このような勝者の運動であった。

この一八六九(明治二)年から七〇(明治三)年の高知藩の改革主導権争いの結果、後藤象二郎・板垣退助に加え、もともとは谷干城らの反主流派に属していた片岡健吉が後藤・板垣のグループに合流する。のちの自由民権運動における「土佐派」の源流がここに形成される。

そして、一二年後の一八八二(明治一五)年九月、板垣退助を総理に戴く自由党の機関紙『自由新聞』は、「板垣退助言行略」という板垣の小伝を連載する。そのなかで高知の藩政改革は、「武官軍人」が主導したのであって、他藩の同時期の藩政改革のように儒学者や文官が主導したのではない点に特徴がある、と回想されることになる。土佐の自由民権運動は、「軍隊」の藩政改革運動という刻印を受けて誕生したのである。

三　暴力の担い手たち

「破落戸」の軍隊

時間を少し戻そう。河野広中と出会う三か月前、板垣退助は北関東にいた。一八六八(慶応四・明治元)年四月、北関東では旧幕府軍と新政府軍との戦闘が繰り広げられていた。板垣はその戦場にいたのである。

旧幕府軍を率いるのは大鳥圭介。彼が指揮していたのは旧幕府歩兵隊である。大鳥圭介は播磨国赤穂郡(現在の兵庫県)の医者の息子に生まれ、洋式の兵学をまなび幕府に召し抱えられた、洋式軍事の専門家である。四月一一日、江戸城は開城し、新政府に引き渡されたが、その直前、大鳥率いる歩兵隊は江戸を脱走し、北関東で新政府軍に抗戦していた。

この北関東での戦闘について、後年、板垣は次のような回想を残している。下野国の今市《いまいち》(現在の栃木県日光市)での戦闘の際、板垣は多くの部下を戦死させ、自分の肉や骨を削るようなつらい思いをした。ところが敵である旧幕府軍の戦死体を検分すると、これは多くが「賤劣《せんれつ》なる文身彫青《ぶんしんちょうせい》せる破落戸《ごろつき》」、つまり刺青を入れたやくざ者だったというのである。

なぜ、幕府の正規軍である歩兵隊の兵士たちが刺青を入れた「破落戸」だったのだろうか。その理由を知るためには、幕末における幕府の軍制改革の経緯を知る必要がある。

そもそも、江戸時代の本来的な戦闘のあり方は、武士が、主君の命令に応じ、それぞれの石高に応じた数の手勢を率いて戦闘に参加するというものであった。このような武士の主君に対する軍事力の提供義務を「軍役《ぐんやく》」という。それに対して、町人・職人・百姓などの支配される側の身分に属する者は、戦時でも戦闘に参加する義務を負わない。しかし、百姓身分に属する者(主として農民)は、戦時には戦場で武器・弾薬や食料・飼料・燃料の運搬をおこなう「陣夫《じんぷ》」

幕府軍の調練風景．出典『幕末明治文化変遷史』

をつとめることを「役」として義務づけられていた。これを「陣夫《じんぶ》役《やく》」というが、武士とちがい、戦場における陣夫はあくまで物資の輸送のみに従事する非戦闘員である。

このように、軍事力の職業的な担い手である武士が政治権力の担い手でもある、というのが近世国家の特徴であった。もちろん、豊臣家の滅亡以後、国内での軍事行動はなかったから、この体制が実際に動くことは幕末までなかったわけであるが、建て前はそのようなものだった。

しかし、幕末の政治的・軍事的緊張の高まりのなかで、幕府も諸藩も軍制改革に乗り出す。その目的はこうした軍役にもとづく軍隊にかえて、西洋式の軍隊をつくり出すことであった。西洋式の軍隊は、指揮官である士官と、兵卒の二層から構成され、集団戦をおこなうという特徴を持つ。一人の騎馬武者を中心に従者がその脇を固めるという近世的軍隊とは編制原理が異なるのである。

幕府直轄軍でいえば、将軍の家臣たる旗本が、それぞれの石高に応じた数の従者を引きつれて戦闘に参加するのが従来の建て前であったわけだが、それを西洋式の軍隊につくりかえるためには、それぞれの武士が率いる従者を旗本と切り離して兵卒として再編しなくてはならない。幕府は一八六一(文久元)年から軍制改革に着手するが、それは、これまでの武士を士官に当て、従者たちをそれぞれの旗本への従属関係から切り離して兵卒にまとめることをその基本的内容としていた。

さて、ここで問題になるのが、兵卒にされることになった従者、すなわち「武家奉公人」の性格である。近世後期の都市社会には、土地や家や店舗を所有せず、単純な肉体労働に従事する人びとが大量に存在していた。このような人びとは「日用《ひよう》」と呼ばれた。「日雇いで働く人びと」という意味である。現在の研究者は、こうした文字どおりの日雇いを含め、都市下層の単純な肉体労働者を一括して日用層と呼んでいる。

そして、近世後期の江戸では、武家奉公人は実際には日用層から、「人宿《ひとやど》」という労働者の仲介業者、いわば「派遣業者」を通じて武家屋敷に供給されていた。武士と従者の関係は、実際には主従関係というよりは雇用関係になっていたのである。

幕府の軍制改革はこうした実態を踏まえておこなわれることになる。改革は複雑な経緯をたどるが、最終的に最幕末の一八六七(慶応三)年九月におこなわれた改革により、幕府は旗本から従来の軍役にかえて「軍役金《ぐんやくきん》」を徴収し、その軍役金をつかって、幕府が直接すべての兵卒を人宿から雇用する仕組みをとった。その結果、幕府歩兵隊は日雇いの肉体労働で生計を立てるような日用層の軍隊となった。

以上が、北関東で板垣ら新政府軍と対峙した幕府歩兵隊の兵士が、刺青をした「破落戸」の軍隊であった理由である。つまり、板垣が戦った旧幕府軍は実質的に都市下層民の軍隊であったのだ。

尾張藩草莽隊

こうした事情は、幕府軍に限ったものではない。諸藩でも都市下層民や社会の周縁部の人びとを軍事力として戦場に投入することがおこなわれた。そして、そのなかには、戊辰戦争後の処遇への不満から運動をおこし、自由民権運動に流れ込んでゆくグループがいた。のちに名古屋事件と呼ばれる事件を引きおこすことになる尾張藩の草莽隊《そうもうたい》がそれである。

戊辰戦争時、新政府軍側についた尾張藩は、武士からなる正規軍を補うものとしていくつかの草莽隊を組織した。その一つ、「集義隊《しゅうぎたい》」は、博徒《ばくと》集団をその組織ごと部隊に編成したものだった。具体的には、平井亀吉・近藤実左衛門という二人の博徒の親分を中心に、その一家と兄弟分の縁を結んだ博徒たちにより構成される部隊だった。また、「磅礴隊《ぼうはくたい》」と名づけられた部隊は、都市下層民と武家奉公人をかき集めてつくられた部隊であったようだ。

彼ら、博徒・武家奉公人・都市下層民の軍隊は、一八六八(慶応四・明治元)年五月一七日に名古屋を出発し、越後での戦闘に参加して、一二月二四日に名古屋に凱旋している。戦場で功績をあげた彼らは、一八六九(明治二)年八月、尾張藩の常備兵、すなわち正規軍の一部となり、隊員たちは武士の身分を与えられる。ところが、一八七一(明治四)年七月の廃藩置県によって藩が消滅すると、隊は解散させられたばかりか、一八七二(明治五)年一月の政府の法令にもとづいて、旧草莽隊員たちは、愛知県によって平民身分として戸籍に登録されることになった。

旧隊員たちはこれに不満であった。彼らは戸籍上の士族としての待遇を回復する運動をおこす。士族であれば、廃藩置県後も禄の支給が受けられる(秩禄処分後は公債証書に切り替えられる)が、平民にされるということは今後何の手当もないことを意味する。いきなり解雇されたも同然である。

一〇年近い運動の結果、彼らは一八七八(明治一一)年七月二四日、士族の身分を回復する。この経緯を子細に検討した長谷川昇氏は、「彼らがのちに自由民権運動につながりを持つにいたる姿勢と組織は、この運動のなかから生まれてゆく」と、彼らの士族籍回復運動を位置づけている。

このように、戊辰戦争で実際に戦った人びとは、江戸時代の本来的な戦闘員、つまり武士身分の人びとばかりではなかった。正規の身分集団から外れた、日用層や博徒も戦闘に動員されていたわけである。

考えてみれば、三春の魚問屋の息子河野広中も、江戸時代の本来の軍事のあり方からすれば、戦争に参加するはずのない人物であった。板垣退助はれっきとした武士ではあったが、彼とて近世土佐藩の家格制度のもとでは、藩政の指導的地位に就くことはありえなかったはずである。

戊辰戦争という、二百数十年ぶりの全国的軍事動員は、近世の身分制秩序を大きく揺るがした。とくに戦場での功績は、武士から都市下層民に至るまで、戦後のしかるべき処遇を求める動きを生み出したのである。

河野広中、板垣退助、尾張の博徒たち。のちに自由民権運動に参加することになる彼らに共通するのは、戊辰戦争における勝利の経験であった。

四　近世身分制社会とその解体

身分制社会とはなにか

さて、ここまで「近世の身分制」という言葉を漠然と使用してきたが、ここで少しその意味を厳密に考えておきたい。

江戸時代における身分制といえば、「士農工商」の階層的な秩序が想起されるかもしれない。いわば、政治権力を持つ武士を頂点とするヒエラルヒー的な上下関係、階層秩序のことである。しかし、筆者は、近世史研究の蓄積にもとづき、少し違った意味で「近世の身分制」という言葉の意味をとらえている。「士農工商」が、三角形のヒエラルヒーでイメージされるとすれば、筆者のいう身分制とは、人間が、いくつかの「袋」にまとめられ、その「袋」の積み重ねによって一つの社会ができあがっているようなイメージである。

ここでいう「袋」とは、社会集団のことである。たとえば、「百姓」という身分を持つ人びとは、「村」という集団に所属し、幕藩領主から「村」単位で把握される。そのあらわれが、年貢の村請制《むらうけせい》である。百姓から領主におさめられる年貢は村を単位として賦課され、村が責任をもって年貢の納入を請け負う。近世の「村」は現在の市町村よりはるかに規模が小さく、東北から九州で、およそ七万程度の村が存在したといわれている。

都市では、「町人」身分の人びとや「職人」身分の人びとは、「町《ちょう》」という単位に所属していた。「町」というのは、都市を構成する小さな地域的組織のことで、一本の道路を挟んだ両側の街並みの一ブロックが一つの「町」となるのが原則である。

武士の場合も同様で、それぞれが仕える主君の家ごとにそれぞれの集団を形成している。

そして、それぞれの身分集団は、支配者から「役」を賦課され、それによって社会のなかでその地位を保障される。百姓であれば、すでに述べたように、戦時には物資の輸送に従事する陣夫役を果たさねばならず、町人は、土木工事などの単純労働である「町人足役」を負担した。武士の場合はもちろん戦時の軍役負担である。

一人ひとりの人間が、身分的な社会集団という「袋」にまとめられ、支配者から集団を通じて賦課される「役」を果たす。これが近世身分制社会の基本的な構造である。

このように、近世社会の身分とは「士農工商」というような単純な上下関係ではない。近世身分制社会を構成する基本単位である「袋」にもいろいろな種類の「袋」がある。そのうえ、近世後期には、「袋」に入りきらない人びとも、都市を中心に多数発生していた。

その一例が、さきにみた幕府歩兵隊の主力となった日用層である。彼らは、役を負うための条件となる所有物を何も持たない。売り物となるのはみずからの労働力だけである。そして彼らは独自の社会集団を形成せず、労働力供給の請負業者である人宿を通じて都市社会で労働力を必要とされる場所に、たとえば武家奉公人として、供給されるのである。

やぶれた「袋」

しかし、戊辰戦争による軍事動員は、近世社会の本来的なあり方だった軍役を通じた武士の動員という形ではおこなわれなかった。実際には、都市下層民や博徒の軍隊が戦場に投入され、河野広中のような、政治的に活発化した武士身分以外の人びとも戦争に参加した。つまり、戊辰戦争において、近世身分制社会の基本単位となっていた「袋」がやぶれてしまったのである。

近世社会においては、軍役を負い、軍事力の担い手である武士は同時に、政治権力の担い手でもあった。つまり、武士としての軍事的な能力と統治者としての政治的な能力は対応するものとして考えられていた。「袋」をやぶって戦争に参加し、新政府の勝利に貢献した多様な人びとは、したがって、武士として処遇され、統治者の一端に加えられなければならなかった。河野は三春藩におけるしかるべき地位をもとめ、名古屋の博徒たちは士族としての待遇に固執し、そして板垣は勝ち取った家老の地位を守ろうとする。しかし皮肉なことに、本来の身分の枠をこえて軍事的功績をあげてしまった彼らを統治者として処遇することは、それ自体が身分の枠を壊してしまうことにもなる。

板垣が藩内の家格にこだわり、結局高知藩で、「人民平均」の大改革を断行しなくてはならなくなったのはそのためである。いったん、近世身分制社会を形づくる「袋」にほころびが生じてしまえば、そこからあふれ出て自己主張をはじめた人びとを「袋」に回収することは困難だったのである。

改革の時代

こうして、近世社会の骨格を変える改革の時代が始まる。一八七一(明治四)年七月一四日、廃藩置県が断行される。薩摩・長州・高知の三藩から政府に差し出された御親兵《ごしんぺい》の軍事力を背景にしたクーデタである。これにより、武士が所属すべき集団であった「藩」が解体される。そして、一八七二(明治五)年一一月二八日、徴兵告諭が出され、武士に代わり、徴兵された人民が軍事力の担い手となることが明示される。武士身分の軍役の解体である。

一八七三(明治六)年からは、地租改正が開始される。地租改正はすべての私有地に対し地価を記載した地券を発行し、その三％（のち二・五％）を「地租」という税として徴収する税制改革であるが、その意義は単なる税制改革にとどまらない。地租改正によって、税の納入責任は、村ではなくて土地所有者個人に設定された。近世の村請制は廃止されたのである。つまり、地租改正は、近世の百姓身分の人びとが所属していた村という集団の解体をも意味していた。年貢の村請制とは、年貢が払えなければ、同じ村の誰かがそれを立て替えて支払う仕組みであるが、村請制が廃止されれば租税の納入責任は個人が負うことになる。もし、税金が払えなければ、財産を差し押さえられて競売処分にかけられる。

人びとは、近世社会においてそれぞれが所属していた身分的な社会集団という「袋」を取りあげられた。近世身分制社会は解体をはじめたが、来るべき社会のあり方は、政府の指導者たちにも、農民たちにも、都市下層民にも、まだ見えていなかった。新しい社会、ポスト身分制社会をどのようにつくってゆくのか。とりわけ、戊辰戦争の勝者たちは、自分たちにふさわしいと考える勝利の果実を新しい社会のなかでどのように確保してゆくのか。社会は流動化をはじめ、そのうねりは、ついに政府の中枢に亀裂をもたらすことになる。

征韓論政変

一八七三(明治六)年の征韓論政変は、身分制社会の急激な解体の矛盾の結果としておきた。明治政府の成立後、朝鮮と日本の関係は不安定になっていた。近世の日朝関係は対馬藩主宗《そう》氏が朝鮮と江戸幕府を媒介することで成り立っていたが、明治政府は対馬藩を排して外交を直轄したうえ、日本から朝鮮宛ての国書に「天皇」の語を用いた。「皇」の文字は、中華帝国を中心とする東アジアの国際秩序では中国の皇帝以外に用いることのできないものとされてきた。これらは朝鮮側からは、従来の日朝関係を、日本側が上位に立つ形に変更しようとしたものと受け止められ、朝鮮は明治政府と国交を結ぶことを拒否したのである。

一八七三年五月三一日、釜山《プサン》に駐在していた日本の外務省の官吏・広津《ひろつ》弘信《ひろのぶ》は、東京に報告を送った。その内容は、朝鮮が釜山でおこなわれていた日本人商人の密貿易を批判する掲示をおこなったというものであった。当時の日本政府首脳は、これは日本への侮辱にあたるとして、過剰ともいえる反応を示す。

朝鮮への強硬な対応を主張したのは参議西郷隆盛であった。西郷の主張にもとづき、一八七三年八月一七日、政府は西郷を朝鮮に使節として派遣するという決定を下す。西郷は自分が朝鮮へ派遣されれば朝鮮側は自分を殺害するものと予測しており、それを口実に日本政府が朝鮮に対し戦争をしかけることが可能になると考えていた。いわゆる「征韓論」である。

しかし、七月から九月にかけて、岩倉具視、大久保利通、木戸孝允ら、いわゆる岩倉使節団のメンバーが相ついで帰国すると、彼らはこの決定に反対した。西郷派遣の可否をめぐって政府内部の対立は激化したが、結局征韓派は敗北し、一〇月二三日、西郷隆盛が参議を辞職、翌二四日、板垣退助、後藤象二郎、江藤新平、副島種臣《そえじまたねおみ》も参議を辞職した。「征韓論政変」あるいは「明治六年政変」と呼ばれる事件である。

板垣の危機感

征韓論を主導したのが西郷隆盛であることは間違いなく、西郷の強硬論は征韓派参議のなかでも突出していた。それでは板垣退助はなぜ西郷に同調し、征韓派に加わったのであろうか。

この時期、西郷と板垣はよく似た立場に置かれていた。まず二人は、政府の中枢である太政官の「内閣」を構成する参議であった。しかも二人は、戊辰戦争の軍事英雄であり、彼らの背後には、それぞれ薩摩藩と高知藩出身の軍人たちがいた。彼らは政治指導者であると同時に軍事指導者でもあったのだ。

西郷が朝鮮問題に固執した背景には、西郷の背後にいる薩摩藩出身の軍人たちの問題があった。西郷派遣が閣議で決定された八月一七日、西郷は板垣に書簡を送り、征韓論は「内乱を冀《こいねが》う心を外に移して、国を興すの遠略」であると述べている。内乱を待望する士族たちのエネルギーを対外戦争へ向け、国を発展させる戦略だというのである。一〇月一一日には、西郷は太政大臣三条実美《さんじょうさねとみ》に対し、もし西郷派遣という決定が覆されるならば、死んで「国友」に謝るほかない、と述べている。「国友」とは西郷と同郷の、薩摩藩出身の軍人たちのことである。

廃藩置県は、薩摩・長州・高知の三藩から政府に差し出された御親兵の軍事力を背景に強行された。ところが、その後陸軍省によって推進された軍事改革は、徴兵を主体とする新しい軍隊をつくり上げ、近衛兵と改称された旧御親兵のなかの、出身藩ごとのまとまりを解体する方向にむかっていた。いわば御親兵は自分の墓を自分で掘るような役割を、歴史的には果たした。近衛兵として勤務する薩摩や土佐の軍人たちは、戊辰戦争の、また廃藩置県クーデタの勝利者であるにもかかわらず、自分たちの存在意義の危機に直面していたのである。西郷隆盛は参議と近衛都督を兼任していたから、制度的にも彼らの危機感を代弁する位置にあった。

藩を失い、徴兵制によってその存在意義も失われつつあった士族たちの不安とは、身分制社会の解体によって所属すべき「袋」を失った士族たちの不安であった。したがって、一八七三(明治六)年の段階で突如朝鮮問題が政策課題として浮上してくるのは、外交問題というより多分に国内問題であり、一八七一(明治四)年から七二(明治五)年にかけて急激に進行した身分制社会の解体政策への反動という性格が強いものであった。

板垣の場合は西郷ほど征韓論にすべてをかけていたわけではない。すでに高知の藩政改革で「人民平均」のスローガンを打ち出していた彼らは、士族だけでなく「四民平等」の徴兵制軍隊を創出することにも積極的であった。また、一八七二(明治五)年ごろの板垣は、左院(政府の立法諮問機関、法制調査機関)の宮島誠一郎を中心に始まった憲法制定・国会開設構想を支持していた。板垣同様、土佐出身の後藤象二郎は左院議長であり、宮島を中心とした立憲構想を推進する立場にあった。

宮島誠一郎. 出典『明治十二年明治天皇御下命「人物写真帖」』宮内庁三の丸尚蔵館蔵

左院の立憲制導入構想もまた、政府部内で始まったポスト身分制社会の模索の試みであった。軍事力の担い手である武士が政治権力を担う近世身分制社会にかわり、憲法によって律せられた国家をつくり出す。こうした構想が左院の立憲政体構想の基本線であった。そもそも宮島は、高知藩の藩政改革で示された理念に強い影響を受けており、廃藩置県前から板垣と連携していた。

しかし、その板垣も、西郷の突出によって軍事的緊張が高まれば、自分の背後にいる高知藩出身の軍人たちのことを考えざるをえない。政変の渦中、立憲政体樹立の早期実現を求めた宮島誠一郎に対し、板垣は征韓論の優先を理由にこれを拒絶したと、宮島は伝えている。事態の緊迫のなかで、板垣には、薩摩派に対して土佐派が後れをとることへの危機感が生まれたのであろう。こうして、板垣は立憲政体樹立推進派としての立場よりも、高知系軍人の信望篤い軍事英雄としての立場を優先させた。そして西郷の征韓論に合流し、大久保らとの権力闘争に敗北して下野することになったのである。

戊辰戦後デモクラシー

戊辰戦争は近世の身分制社会を大きく揺るがした。筆者は、自由民権運動の出発点になったのは、戊辰戦争が社会に与えた衝撃であったと考える。

政治史研究者の三谷太一郎氏は、近代日本の「デモクラシー」と呼ばれる現象が、例外なく大きな戦争の後におきていることに注目している。一九世紀末の日清戦争後には政党勢力の台頭があった。いわゆる「大正デモクラシー」も、日露戦争と第一次世界大戦という二つの戦争の「戦後」におきた政治参加の拡大であった。一般に「戦後デモクラシー」(戦後民主主義)といえば、アジア・太平洋戦争後の民主化・民主主義運動のことを指すが、三谷氏は、日本近代史においては、それぞれの戦争がそれぞれの戦後になんらかの政治参加の拡大を引きおこしていることに注目し、複数の「戦後デモクラシー」が存在することを指摘したのである。

筆者は、この三谷氏の指摘を、もう一つ前の時期にさかのぼらせ、戊辰戦争という内戦の後に発生した政治参加の拡大要求として自由民権運動を位置づけてみたい。つまり「戊辰戦後デモクラシー」としての自由民権運動である。

なぜ戦争の後に政治参加の拡大が引きおこされるのかといえば、戦争が社会に無理を強いるからである。戦争遂行のために、戦争指導者は人びとに生命や金銭的な負担を強いる。そして、そのような負担を人びとに負わせるためには、しばしば社会のあり方をこれまでとは異なる状態に変える必要が生じる。たとえば日露戦争の際には、戦費をまかなうために大増税がおこなわれた。これは当初、戦時中に限った臨時措置のはずであったが、戦後も税率が元に戻ることはなかった。戦争中、生命と金銭の負担に耐えた人びとは、戦後になると戦争指導者に対してしかるべき対価を要求する。戦時の無理が戦後に噴出するのである。

戊辰戦争の場合、戦争遂行の無理は、従来の身分制の枠を超えた軍事動員としてあらわれた。近世的な「武士の軍隊」では戦えないことが明らかとなった幕府や藩は、近世であれば戦場に出ることのなかった人びとを戦争に動員した。それは新政府側でも旧幕府側でも同様であったが、勝利した新政府側にしてみれば、こうして無理に動員し、勝利の結果凱旋してきた人びとをどのように処遇するのかという問題を抱えてしまうことになったのである。

名古屋の裏長屋で士族としての待遇を求める元博徒たち。三春で不遇をかこつ河野広中。そして東京で参議の地位を追われた板垣退助。かつての戊辰戦争の勝者たちには、戦時の「無理」の対価は与えられていない。年が明けた一八七四(明治七)年一月一七日、板垣退助ら下野した参議たちは一通の建白書を政府に提出する。いわゆる「民撰議院設立建白書」である。自由民権運動が始まる。

第二章

建白と結社

西　暦	出　来　事
1873(明治 6)	2月　河野広中，磐前県第一四区副戸長に任命
1874(明治 7)	1月17日　民撰議院設立建白書の提出
	4月　立志社設立趣意書発表
	8月3日　徳島に自助社設立
1875(明治 8)	2月22日　大阪で愛国社設立
	3月12日　板垣退助，参議に復帰
	4月14日　漸次立憲政体樹立の詔
	9月29日　自助社の発行した「通諭書」，回収を命じられる
	10月27日　板垣退助，参議辞任
1876(明治 9)	8月　岩崎長武高知権令罷免
1877(明治 10)	2月5日　西南戦争勃発
	6月　片岡健吉ら，立志社建白を提出
	8月18日　片岡健吉逮捕
	9月24日　西南戦争終結

一　民撰議院設立建白書の衝撃

民撰議院設立建白書の提出

一八七四(明治七)年一月一七日、板垣退助ら八名は、政府に、選挙によって選ばれる議会の開設、すなわち「民撰議院」の設立を求める建白書を提出した。いわゆる「民撰議院設立建白書」である。

建白とは、人びとが政府に対して、意見を述べたり政策の提案をおこなうことである。建白書の提出は政府によって奨励されており、規則にもとづいて、政府内の左院が建白書の受付窓口に指定されていた。議会も選挙もない当時、建白制度は人びとが意見を政府に直接伝える重要な手段であったが、建白書の内容が採用されるかどうかは政府の判断次第である。その意味で、「建白」とは、あくまで「下から上へ意見を申し述べる」という枠組みの制度であった。板垣らは、こうした建白制度にのっとり、合法的な手続きで建白書を左院に提出したのである。

提出者八名のうち四名は、前年の征韓論政変で下野した元参議(板垣退助、後藤象二郎、江藤新平、副島種臣)、他の四名(小室信夫《こむろしのぶ》、古沢滋、由利公正、岡本健三郎)は、海外渡航経験のある元官吏である。政変で下野した参議のうち、西郷隆盛は建白に参加しなかった。

彼らは建白書の提出に先立つ一月一二日、副島種臣邸で集会を開き、「愛国公党」という組織の設立を誓約した。民撰議院設立建白書は、その席上、古沢滋が起草した建白書案を一同で点検、修正して作成されたものである。

古沢滋. 出典『明治十二年明治天皇御下命「人物写真帖」』. 宮内庁三の丸尚蔵館蔵

さて、その建白書の内容である。建白書は、「臣等伏して方今政権の帰する所を察するに、上帝室《かみ》に在らず、下人民《しも》に在らず、而して独り有司《ゆうし》に帰す」と書き出される。現在権力を握っているのは、天皇でも人民でもなく、「有司」であるという、「有司専制」批判である。有司とは官吏のことで、建白書の批判の焦点は、官吏の権力独占に置かれている。
なぜ有司専制が問題かといえば、有司の権力独占は根拠がなく、正統性に欠けるものであって、不安定だからである。建白書の提出者たちは、目下日本は「国家土崩」、国家崩壊の危機に直面していると主張する。彼らによれば、こうした危機から日本を救うための唯一の道は選挙によって選ばれる議会、すなわち「民撰議院」を設立することであった。

そもそも、政府に対して租税を支払っている人民には、政府の施政に関与する権利がある。そして、本来彼らが持っているはずのこの権利を保障してやれば、人びとは、政府の施策を、上から降ってくるものとしてではなく、自分たちの問題として責任をもって引き受けるようになる。建白書の表現にしたがえば、「天下と憂楽を共にするの気象」が生まれる。被統治者としてではなく、積極的に政治に参加する主体に成長する。それによって国家は一体性を持つようになり、強い国家が生まれる。以上が建白書の提出者たちの主張である。

身分制社会において、統治は統治者たる武士身分の職業であった。百姓や町人はこれにかかわらない。民撰議院設立建白書が主張するのは、身分制社会の解体後において、統治の正統性は社会の構成員一人ひとりの政治参加によって支えられなければならないという原理である。民撰議院設立建白書は、ポスト身分制社会の原理を提示したマニフェストであった。

民撰議院論争

建白書提出の翌日、一月一八日、イギリス人ブラックが経営していた新聞『日新真事誌』に建白書全文が掲載される。『日新真事誌』は左院から「左院御用」のお墨付きを得ており、左院に提出された建白書や左院の議事を掲載する特権をもっていた。

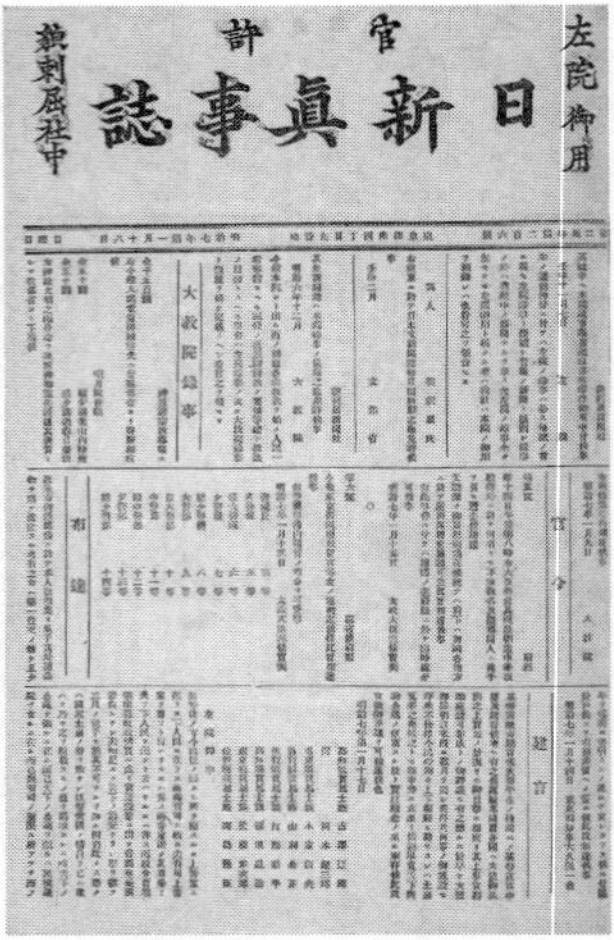
左院御用
官許
日新真事誌

『日新真事誌』明治7年1月18日付．国立国会図書館蔵

ひとたび新聞紙上に建白書が掲載されると、建白書の内容の是非をめぐる論争が巻きおこった。賛成・反対それぞれの立場の論者が新聞に投書し、あるいは雑誌に寄稿し、相互に批判しあう事態が生じたのである。「民撰議院論争」である。

争われた論点は大きく二つある。第一の論点は、建白書提出者たちに政府批判の資格があるのか、という点であり、第二の論点は、民撰議院の即時設立は時期尚早ではないか、というものである。

第一の論点は、建白書の提出者たちが、提出の直前まで政府のメンバーであったにもかかわらず、有司専制を批判することへの疑問である。たとえば建白書のなかには、政府の施策が情実や愛憎に左右されている、という文言があるが、提出者たちも前年まで「有司」の一員だったのだから、この批判は自分たち自身の行為を棚に上げて政府批判をしていることになる。彼らが政府を批判するのは、自分たちが政府を追いだされたことへの腹いせであり、ただ権力欲しさに人びとをあおっているだけではないか。こうした疑問が投げかけられたのである。これは建白書の中身を云々するまえに、下野した元参議たちが有司専制批判をおこなっても説得力がない、という議論である。

第二の論点は建白書の内容にかかわる。民撰議院の即時開設を求める建白書の主張に対し、民撰議院の設立は長期的な目標であって、日本の現状でそれを即時におこなうことは現実的ではない、という批判である。この論争は、二月三日に、著名な洋学者であった加藤弘之が『日新真事誌』上に建白書批判を掲載したことに端を発する。二月二〇日には同紙に板垣・後藤・副島の連名(実際は古沢滋の執筆と推定される)による反論が掲載され、二月二三日に大井憲太郎(筆名は馬城台二郎、当時は陸軍省の官吏だった)の加藤批判がやはり『日新真事誌』に掲載されると、以後この論争は加藤と大井を軸に展開された。

加藤弘之は民撰議院の設立は時期尚早であるという。なぜなら、日本人の知識の水準が民撰議院を機能させるにはまだ十分でないからである。農民や商人の多くは江戸時代のままで、政治に関する知識もなければ意欲もない。大多数の日本人は、政府とは何か、政府の徴税は何にもとづいておこなわれるのか、人民の兵役の義務は何にもとづくのか、といった権利・義務の原理についてさえ理解していない。そうしたことを理解している人物の大多数は現実には政府

加藤弘之．出典『加藤弘之自叙伝』

大井憲太郎．出典『画譜憲政五十年史』

の役人になっており、したがって有司専制を批判するのは無意味である。今は、教育に力を注いで人民の意識を高めることを優先すべきである。民撰議院はその後だ。加藤はこのように主張した。

これに対して大井憲太郎は、むしろ民撰議院を開くことによって人民の意識が高まる、と反論する。興味深いことに、大井と加藤は、大多数の日本人に知識も意欲もない、という現状認識においては一致している。大井の主張が加藤と異なるのは、民撰議院を開き、実際に政治に関与する経験を持つことが日本人を変えるのであって、加藤の言うように教育によって日本人の知識水準を上げるのを待つ必要はない、と述べる点にある。もし民撰議院を開設すれば、たとえそこでなされる議論がとるに足らないものであったとしても、人びとがその議論に関与することによって、人びとはその結論に納得することができる。人びとがみずから制定した法であれば、人びとは積極的にそれを遵守する。民撰議院という経験を通じて、人びとは政治の問題を自分たちの問題として引き受ける主体に成長することができる。

この大井の議論で重要視されているのは、決定に人びとが関与するというプロセスである。仮に議会を開いて出てくる議論が政策的には意味のないもので、そこで出される結論が有司専制で決まるものと大差ないものであったとしても、人びとは自分たちが決定プロセスに関与することによって納得し、有司専制では得られない政治的安定がもたらされる。有司専制政府が現在悪い政策をおこなっており、これへの抵抗として議会が必要である、という議論ではないのである。

論争を全体としてみれば、民撰議院そのものを原理的に不可とする立場はどの論者も取らなかった。民撰議院設立建白書への内容的な批判は、ただ時期尚早論としてのみ展開された。論争の表面上の華々しさにかかわらず、論争参加者は多くの点で意見の一致をみていたといえる。

むしろ、建白書の内容にかかわる第二の論点で多くの意見の一致がみられるからこそ、第一の論点のような建白書批判がおきるといってもよい。つまり、民撰議院の設立そのものは誰でも同意する「錦の御旗」である。こうした「錦の御旗」を掲げることで、権力の座から追われた者たちが、権力の座にある者たちを攻撃しているように思われたのである。そして、征韓論政変が、前章でみたように、戊辰戦争の勝者たちの不遇感を背景にしていたことを考えるならば、その見方はかならずしも的外れでもなかった。民撰議院設立建白書は、政治史家・升味準之輔氏の表現をかりれば、権力から追われた者が、ふたたび権力に「わりこむ」ための道具という側面をもっていた。

自由民権運動の出発

それでは、民撰議院設立建白書の提出と、それに続く論争に意義はなかったかといえば、そうではない。やはり、この建白書と論争は、自由民権運動の誕生を告げる出来事であった。

それはなぜか。論争は民撰議院の即時設立論と時期尚早論の間で、つまり比較的狭い幅のなかで展開された。しかし、建白書が提出されたとき、選挙によって選ばれる議員が国政を議論するという民撰議院構想だけが、唯一自明の選択肢であったわけではない。たとえば、加藤弘之と同じく、知識人の結社・明六社《めいろくしゃ》の同人であった西村茂樹は、問題は不満を抱く士族にあるのだから、士族の不満を吸収するような議会を構想することが必要であると考えていた。具体的には、旧大名を議員とし、そのかつての家臣を「代議員」とする議会の設置を構想していたのである。

民撰議院論争が課題としていたのは、近世社会の終焉という時代の変化の文脈でみるならば、身分制社会にかわる社会のあり方、「ポスト身分制社会」のあり方の模索であった。身分制社会における統治者であった武士身分の消滅は、士族の処遇への不満を生み出した。また、身分制社会における被統治者であった百姓・町人その他の諸身分の人びとのなかには、依然として政治への無関心が存在する一方、戊辰戦争に参加し、一旦武士化したがゆえに過剰な統治者意識を持ち、士族と同様の不遇感を持つ者もいた。不満の渦巻く流動的な状況において、権力の正統性をもたない有司専制はいかにも危うい。西村の議会構想は、できる限り旧藩という身分的集団の枠組みを残したまま、その不満を吸収するような仕組みを構築することを目指したものである。それもポスト身分制社会の構想の一つであった。

西村茂樹. 出典『明治十二年明治天皇御下命「人物写真帖」』宮内庁三の丸尚蔵館蔵

ところが、建白書が提出されるや否や、表面上の論点は民撰議院設立の時期の遅速だけとなった。幕末以来、国政にかかわる何らかの会議体が必要であることには広い合意があった。幕末の政争が幕府の独断による条約の調印への批判からはじまったからである。五箇条の誓文の「広く会議を興し、万機公論に決すべし」はその最大公約数的な合意である。しかし、建白書は、この漠然とした合意に明確な形をあたえた。それは、個人に参政権を持たせることで、一人ひとりの政治的能動性を引き出し、それによって身分制社会にかわる安定した政治体制を形成する、という構想である。実際に欧米諸国がそれを採用しているということもあって、民撰議院構想は、一度提出されると反論することは難しかった。

こうして、政府に対して議会の開設を要求する、あるいはみずから議会を立ち上げようとする運動が誕生した。国会開設を目標とする自由民権運動の誕生である。

また、建白書がもたらしたのは運動の「目標」だけではない。建白書は新聞に掲載され、建白書をめぐる論争は新聞の投書欄を舞台として展開した。これによって、新聞は、新聞人や読者がみずからの見解を世に問い、闘わせるメディアへと成長していった。自由民権運動の「手段」としての新聞も、この論争を通じて誕生した。

二　わりこむ運動

結社という「袋」

民撰議院論争を通じて残ったものは、選挙によって選ばれた議員から構成される議会を開くという窮極的な運動の目標と、新聞という運動の手段となるメディアであった。

しかし、運動の「組織」という点については、民撰議院設立建白書の提出者たちは、永続的なものを立ち上げることはできなかった。

すでに述べたように、議会を開設することは、いつかは実現される目標として、広い範囲の合意があった。しかし、その一方で、元政府首脳たちが、その目標を掲げて政府攻撃をすることとは批判の対象となった。民撰議院設立建白書の内容の妥当性が認められれば認められるほど、それと相反して建白書の提出者たちの立ち位置の正統性が揺らいでしまうのである。

権威を失ってしまった建白書提出者たちの多くは故郷に戻り、愛国公党は自然消滅した。彼らのうち、江藤新平は故郷の佐賀に戻ってまもなく、不平士族に担ぎ上げられ、一八七四(明治七)年二月の武装蜂起(佐賀の乱)の指導者となり、その敗北後に処刑される。

一方、高知に帰った板垣退助らは故郷で結社を結成する。高知の立志社である。こうして、地方で結成される結社が自由民権運動の担い手となる組織となっていった。

自由民権運動期に結成された結社は数多い。どのようなものを結社と数えるかにもよるが、民権運動研究者の新井勝紘氏は、現在判明する限りでの民権結社の総数を全国で二一一六としている。

明治前半期には実に多くの結社が結成された。結社は、藩や村のように、生まれたそのときから、当人の意思とは無関係にその構成員になるような団体ではなく、人びとが自発的に立ち上げ、あるいは参加するような組織である。

明治初期の結社の目的や結びつきのきっかけは多様である。勉強会・読書会のような学習を目的とするものや、農業の改良のような経済的利益の実現を目的とするものもある。こうした結社のなかには、政治運動としての自由民権運動を目的とするものも、目的としないものもあるが、自由民権運動を、近世から近代へという社会の変化のなかで捉えようとする本書の視角からは、それぞれの結社を「民権結社」と「民権結社以外」に分けて考えることにあまり意味はない。重要なことは、身分制社会が解体されつつある明治初期、多くの結社が生まれ、自由民権運動がそうした結社に担われていたことである。

筆者は、こうした結社の相つぐ設立を、身分制社会が解体した状況、すなわち所属すべき「袋」を人びとが失ってしまった時代に、人びとが新たな拠り所をもとめた結果であると考えている。

たとえば士族であれば、これまで所属していた「藩」が解体されてしまった後、どのような繫がりのなかで生きていけばよいのかという模索のなかから、旧藩士たちが結社を立ち上げる。そうした結社の目的のなかには、新しい時代に適応するための学習活動も含まれるし、生き延びるための経済活動も含まれる。

結社は、身分制社会が解体した後の人びとの拠り所として立ち上げられた。そうであるとすれば、民撰議院がポスト身分制社会の最有力の構想となった一八七四(明治七)年以降、そのような結社が、民撰議院構想の実現を目標の一つに据えることは当然のなりゆきである。結社という新しい「袋」は、民撰議院という新しい「酒」を盛るのに最適な器だった、というわけである。

士族の結社――立志社

こうした結社のうち、士族を中心とした結社の典型が、高知に帰った板垣らが立ち上げた立

立志社．高知市立自由民権記念館蔵

志社である。

一八七四(明治七)年四月、立志社は「趣意書」を発表し、その設立趣旨を次のように説明している。

今や朝廷已《すで》に数百年の封建を廃し、新たに郡県の制に倣《な》らひ四民平等以て各々其自主を保たしむる道を開かんとす。然るに変革已に大に新制未だ備はらず、三民未だ自ら奮伸し以て独立の人民となるに遑《いとま》あらず、而して士族且つ将に其従前の地位を保つ能はず、退却して三民と共に彼の卑屈固陋《ころう》に陥らんとす。夫《そ》れ士族なる者は四民の中に就て独り稍《やや》其智識を有し粗《あらあら》自主の気風を存するものなり。今三民の地位未だ進まず而して士族先づ其の従前の地位を失す、是れ則ち挙国の人民将さに尽く其智識気風を喪はんとする也ここで、当時の社会が直面していた問題は次のように理解されている。明治政府は江戸時代の「封建」(諸大名が各地方を領有し統治すること)を廃し、「郡県」(中央から派遣される官吏がそれぞれの管轄地を統治すること)の制度を創出した。しかし、そのような新しい仕組みを支える人材はまだ存在していない。農・工・商の三民は江戸時代以来の卑屈さを引きずっており、士族だけが政治にかかわるための知識と意欲を維持しているが、藩の消滅によって士族さえもそれを失いつつある。そこで、士族と農・工・商の垣根を越えて、政治への知識と意欲を守るための組織として、立志社が立ち上げられることになるわけである。

垣根を越えるといっても、この趣意書からも明らかなとおり、彼らの主な目的は、藩という所属すべき団体を失ってしまった士族の没落を防ぎ、その政治的な影響力を維持する点にあった。片岡健吉ら高知出身の軍人たちも、板垣らとともに、政府から離れて高知に帰郷してきた。藩を失い、さらに政府での官職も追われた彼らにとって、生き延びるために結社をつくることは切実な意味をもっていた。

その切実さを物語るのが、結成当時の立志社の主要な活動が経済的活動だったという事実である。その一つが家禄奉還資金立替である。これは一八七三(明治六)年、政府が一部の者に秩禄の奉還を認めたことへの対応策として実施された。廃藩置県後も、士族には従来受け取っていた禄高に応じ家禄が支給され、これとは別に維新の功労者には賞典禄が支給されていたが（これらを総称して「秩禄」という）、この支出は政府財政を圧迫していた。そのため、政府は秩禄の解消を目指した制度改革、いわゆる「秩禄処分」に着手する。秩禄奉還とは、秩禄一〇〇石未満の者に、禄を受給する権利の政府への返還を認めるものである。返還した者は、家禄の六か年分を、半分は現金、半分は公債証書の形態で、一時金として受け取ることができた。

ところが、困窮した土佐の士族たちは、政府から支給される奉還資金を受け取る前に、切迫した現金収入の必要から、その受給の権利を裕福な者に譲渡して現金に換えてしまう。立志社はこれを救済するために、家禄五石以上の場合は一石につき一九円四〇銭、五石未満の場合は一石につき二二円二〇銭で、政府からの支給前に本人に立て替えて支払う事業をおこなった。政府から資金が支給された後は、支給額とすでに本人に支払った額との差額で会社組織をつくり、事業をおこして利益がでれば配当をおこなう、という計画であった。実際に八万円以上の資金が融通されたようである。

これ以外にも立志社は高知県内各地で製茶業を営んだり、政府から山林の払下げを受けたりするなど、士族の生活を支えるための士族授産事業をおこなっている。経済的事業以外に「立志学舎」という学校教育事業もあった。設立当初の立志社はなによりも高知の士族たちが新しい時代を生き延びるための組織だったのであり、経済的事業はその前提であった。

こうした事業展開が可能だったのは、設立当初の立志社が、高知県の権令(現在の県知事に相当)の岩崎長武と密接な関係にあり、県庁の保護を受けていたからである。立志社には商品の流通をとりあつかう「商局」なる組織があり、この組織は県庁の官金の出納を担当していた。おそらく家禄奉還資金立替のような多額の資本を要する事業が可能であったのは、県庁の官金という資金源があったからである。県庁の官吏にも立志社系の人物は多かった。いわば立志社は県庁と癒着していたのである。

こうした立志社の動きは、「有司専制」批判をかかげて建白書を提出した板垣らを指導者としていただく組織の行動として奇異に映るかもしれない。しかし、板垣らはそもそも自分たちの行動を「反体制」の活動だと思っていたわけではない。たとえば建白書の提出以前に、彼らは政府内の木戸孝允に根回しをしようとしていた。板垣らの目的は、民撰議院という魅力的なポスト身分制社会の構想を掲げることで、権力復帰をはかるという点にあったと言ってよいだろう。すでに見たように、中央政府レベルでのそうした計画は失敗に終わり、彼らは帰郷を余儀なくされたが、おなじ高知出身の岩崎が権令をつとめる高知県では、県庁の与党として行動する余地が残されていた。彼らはこの余地を利用して、政治勢力としての高知士族集団の維持をはかり、政治権力への復帰の足がかりにしようとした。立志社の運動は、政治権力に「わりこむ運動」だったのである。

立志社が民撰議院の設立という理想を掲げることと、県庁の官金をつかったり、県庁と癒着したりすることは、矛盾しているように見えるかもしれない。しかし、これは立志社の人びとにとっては矛盾とは感じられなかっただろう。民撰議院の設立というポスト身分制社会の新たな構想を実現するためには、その主体として、知識と意欲を持つ士族集団が生き延び、そして理想の実現のためには権力の座につかなくてはならない。たしかにこれは都合のよすぎる理屈であろう。しかし、運動のためにはまず運動家が生き延びねばならないし、理想の実現のためには権力を握らねばならない。実際、この問題は自由民権運動にどこまでもついて回ることになるのである。

河野広中と結社

おなじころ、東北の河野広中も結社づくりに向かっていた。

河野は、一八七三(明治六)年二月、磐前県《いわさきけん》(現在の福島県の太平洋沿岸地域)第一四区の副戸長に任命された(のち戸長に昇進)。当時の地方制度では、府県の下に「大区」や「小区」、あるいは

「区」などの区画が置かれ、その下に町や村が位置していた。府県によって制度が異なるが、「大区」「小区」「区」や町・村に、区長や戸長などの役職が置かれ、それぞれの組織の運営責任者となっていた。河野がついたのは、そのような町村と県の中間に位置する役職である。

ところが、河野はこの役職に大変不満であった。河野の回想によれば、副戸長の辞令に接した河野は、「嗚呼《ああ》大丈夫を辱しむるも亦た甚しいのである。天の我を待つ所以《ゆえん》のものは、宜しく此の如くなる可きものでない」と嘆いたという。すでに藩政に関与した経験と自負を持つ河野にとって、地方の中間機構の運営責任者である副戸長という職はやりがいのないものに感じられたことがわかる。

実は、当時の区という組織は自立性の弱いもので、町村と府県庁の間で、府県庁からの指令や町村からの意見を取り次いだりする組織にすぎなかった。区の責任者が主導性を発揮できる場面は少なかったのである。

ここでも近世身分制社会の仕組みを思い出しておく必要がある。身分制社会とは身分的集団という「袋」の積み重ねでできている社会である。そして農村において「袋」となるのは、百姓身分の集団としての村である。このころの農村社会は、地租改正によって村請制が解体され、「袋」としての村が壊される途上にある。つまり「袋」の積み重ねによってつくられる社会はまだ完全には壊されきってはいないのである。

村という「袋」が単位となる社会では、村よりも広い範囲に設定される区は、独立した意思決定や事業の単位となることができない。それは県庁という上意の機関の下部組織となるか、村の連合として、それぞれの村の意向に左右される組織になるかのいずれかしかない。区長や戸長といった職がやりがいのないものとなるのはそのためである。

副戸長・戸長として河野がおこなったことは、第一に区に民会をつくることであった。民会とは地方の議会のことで、統一した地方制度がつくられていなかった当時、府県や各区で独自の民会が設けられていた。河野はこの民会を通じて、区に独立した意思決定の場をつくろうとした。

そしてもう一つ河野が取り組んだのが、一八七五(明治八)年に、赴任地の石川で結成した結社「有志会」の活動であった。民会の設立が、区という本来身分制的な原理にもとづく組織に、議会というポスト身分制的な原理を持ちこむ運動であったとするならば、河野の結社づくりは、区の外に、既存の組織とは別のポスト身分制的な結合を生み出す運動であったといえるだろう。

この会の活動の詳細についてはよくわからないが、集会を開いて時事問題を議論する会であったようだ。のちに福島県庁がまとめた報告書によれば、当初活動は振るわず、社員は数名であったということだが、一八七八(明治一一)年には「石陽社《せきようしゃ》」と改称、一三〇名余りの社員を擁し、東日本を代表する結社に成長する。またこの年には、河野は出身地の三春でも「三師社《さんししゃ》」という結社を結成している。

区長、戸長たちと結社──七名社

区長や戸長たちと結社の関係として興味深い事例が、埼玉県の熊谷周辺の結社「七名社《しちめいしゃ》」である。七名社は、一八七五年四月、熊谷に住む石川弥一郎を主唱者として七名の有志が結成したことからその名がある。石川弥一郎は当時、区のなかで学校関係の事務を管轄する学区取締をつとめていたが、書の師匠である小泉香巒《こいずみこうらん》なる人物を通じたつながりから、埼玉郡北河原村在住の長谷川敬助を誘い、また学区取締としての職務上関係をもっていた幡羅《はたら》郡《ぐん》三ヶ尻村居住の小泉寛則らを誘って七名社を結成した。

この七名はいずれも地域の有力者で、結成の年から翌年にかけて、二名が学区取締、一名が副区長、一名が戸長、一名が副戸長に就任している。区長、戸長といった中間機構ないし村の運営に責任を負うような層に属している人びとの結社が七名社であった。

このときに締結された規約によると、七名社の目的は書籍の共同購入と読書会であり、毎月一円ずつを拠出して書籍を購入することになっていた。勉強会的な色彩の強い結社であったと言えるだろう。

七名から出発した七名社は次第にメンバーを増やしてゆき、一八七八(明治一一)年には規約を改定、談話・討論・演説の三つを活動の柱に据えた。限られたメンバー内での勉強会ではなく、メンバー外の傍聴も許す演説会を含め、外部への働きかけを強化したのである。一八七八年から七九(明治一二)年にかけて二九回の会合を開いており、そこでは、府県会・国会の開設や憲法の制定など、自由民権運動の色彩の強いテーマが論じられるようになってゆく。

しかし、注目すべきことは、彼らのなかに、区長や戸長といった職を忌避する傾向と、県庁ないし中央政府の官職につく傾向とがみられることである。

メンバーの中村孫兵衛は一八七七(明治一〇)年三月に戸長を辞職、長谷川敬助は一八七八年四月に区長を辞職している。当時東京の慶應義塾で学んでいた加藤政之助(のち衆議院議員)が長谷川敬助に宛てた手紙のなかに「つまらぬことで繁忙であるのが嫌なので区長を辞職したと聞いた」と書かれていることから、彼らは、区長や戸長が多忙であるわりにやりがいのない、魅力の薄い職であると感じていたことがわかる。

一方、主唱者である石川弥一郎は一八七六(明治九)年に中央政府の地租改正事務局の役人となって上京、小泉寛則は一八七八年、埼玉県庁の役人となる。のちに述べるように、一八七九年には、地方制度の改革があり、地方三新法(郡区町村編制法・府県会規則・地方税規則)と呼ばれる法令にもとづく新しい地方制度が施行される。それによって新たに郡長というポストと、郡役所という機構が地方に誕生するが、七名社関係者のなかから、郡長への就任、郡役所の吏員への就職者が多数誕生する。区長や戸長の職を忌避する彼らは、国や県のポストであれば喜んでその職を引き受けたのである。

彼らの行動から見えてくるのは、やりがいのない区長や戸長の職を忌避し、結社という新しい組織に希望を見出してゆく地域の有力者たちの姿である。当時の制度のなかでは活躍の機会が十分に与えられていないという欲求不満が、結社を生み出す原動力であった。この点は東北の河野広中とまったく同じである。

河野と七名社のメンバーが違うのは、河野が、地域の結社をこえた全国規模での政治運動にその活躍の場を見出し、自由民権運動家への道をたどったのに対し、七名社のメンバーたちは統治機関内に職を得て、そこに活躍の場を見出していったことである。やがて、一八八〇年代以降、複数の七名社のメンバーは県会議員に選ばれ、県会内における県庁の与党的存在になってゆく。同時期、福島県会で県庁と激しく争っていた河野広中とは対照的であるが、その政治活動の出発点では似通っていたのである。

愛国社の設立

一八七五(明治八)年二月二二日、大阪で愛国社の創立大会がひらかれた。愛国社は、各地の結社の連合組織である。

愛国社創立大会の参加者は六四名。地域別にみると四国が圧倒的に多く五一名、そのほか九州から五名、中国から四名、北陸から二名の参加者があった。四国からの参加者五一名の内訳をみると、高知県から一三名、名東県《みょうどうけん》(現在の徳島県と兵庫県淡路島)から三七名、愛媛県から一名で、全参加者の過半数が名東県から来ていたことがわかる。

多数の参加者を名東県から送り込んだ母体は「自助社」という結社である。自助社は一八七四(明治七)年八月三日、旧徳島藩士らによって結成された。自助社の中心となったのは井上高《いのうえたか》格《のり》という人物で、一時は名東県の参事(県令に次ぐ県庁の幹部)をつとめていたが、一八七二(明治五)年、額田《ぬかた》県《けん》(現在の愛知県東部)への転任を拒否して官職を離れた。この他にも辞職した元県庁官吏たちがこの結社に参加しており、さしあたり名東県の県政をふたたび自分たちの手にとりもどすことが目標となっていたようだ。

その目標は、一八七四年一一月二四日、名東県の権令が久保断三から古賀定雄に交代することによって部分的に実現する。自助社に敵対的であった久保と異なり、古賀は自助社に好意的な姿勢を示したからである。なお、この権令交代の際に、民撰議院設立建白書の提出者の一人である小室信夫は木戸孝允に対して、井上高格を後任として推薦している。この人事は実現しなかったが、自助社が立志社同様、「わりこむ運動」の色彩が強い組織であり、またこれも立志社と同じように、地元では県庁との良好な関係を築いていたことがわかる。

愛国社は、このようによく似た性格を持つ立志社と自助社を中心として成立した。創立大会で決定された愛国社合議書には、各県各社より社員二、三名を東京に出し、毎月会合を開いて政治のあり方を協議・討論すること、年二回各社の社長が出席する大会を開くこと、などが規定されている。ここから、愛国社は全国の結社の連合体となる計画であったことがわかるのだが、実際には、参加者の地域的かたよりはおおきかった。東北の河野広中も、埼玉の七名社のメンバーたちも、この大会には参加していない。

とはいえ、愛国社の創設は、新しい結合としての結社を全国レベルに広げる動きの第一歩として、自由民権運動の一画期となるはずであった。

大阪会議と通諭書事件

ところが、この愛国社創立大会に先立って、板垣退助は、大阪で木戸孝允、伊藤博文、大久保利通らと断続的に会談をもっていた。いわゆる大阪会議である。

この会談は古沢滋・小室信夫の働きかけで実現したものである。政府の実力者大久保利通がこれに応じたのは、前年に台湾出兵を批判して政府を去った長州派の指導者木戸孝允を復帰させ、政府を強化することが目的であった。一方、木戸は板垣と提携をはかり、板垣とともに政府に復帰することを条件とした。板垣はこれに乗ったのである。

愛国社創立大会の直後、一八七五(明治八)年三月一二日、板垣退助は参議に復帰する。四月一四日、木戸の意見にもとづき「漸次立憲政体樹立の詔」が出され、立憲制の漸進的導入と、その第一段階として、元老院(立法諮問機関)、大審院(現在の最高裁判所に相当する裁判所)、地方官会議(全国の地方官を集めて地方の状況を政策に反映させるための会議)の設置が発表された。その後、後藤象二郎も元老院副議長として政府に復帰する。愛国社の活動はこれによって雲散霧消してしまった。

しかし、政権復帰後の板垣は政府内で思うように影響力を発揮できなかった。元老院の位置づけや権限の大小をめぐって強硬な立場をとり、漸進派の木戸と亀裂を生じてしまう。そして板垣がもっともこだわったのが参議と省卿《しょうきょう》の分離という問題であった。当時の中央政府(太政官)で、意思決定にあたるメンバーは太政大臣・左大臣・右大臣と参議である。現在の内閣と異なり、各省の長(「卿」)は意思決定機関のメンバーではない。実際には内務卿大久保利通が参議を兼任しているように、参議と省卿は兼任するのが通例であった。この兼任を解き、参議と省卿を分離することは、大阪会議における合意事項の一つであった。

板垣にとって参議と省卿の分離が重要な課題であったのは、分離後の卿と各省幹部を木戸派と板垣派で固め、大臣・参議から実質的な力を奪う構想があったからである。しかし、木戸はこれに同調しなかった。参議と省卿の分離は実現せず、参議復帰からわずか七か月余りの一八七五年一〇月二七日、板垣は辞職してしまう。

板垣の政権復帰・辞職と並行して、愛国社の主力結社であった自助社も打撃をこうむっていた。一八七五年六月から七月にかけて、自助社は、漸次立憲政体樹立の詔の解説書を「通諭書」と題して、名東県内で配布した。この解説書の内容が危険視され、政府内で問題とされるようになる。自助社に好意的な古賀名東県権令は九月五日に罷免、一二月には自助社の幹部が逮捕され、東京に護送、裁判にかけられる(「通諭書事件」)。

高知県でも事態は変化しつつあった。一八七六(明治九)年八月、岩崎長武権令が罷免されたのである。これによって、立志社は、これまでのように県庁の好意をあてにして活動することができなくなった。板垣の政権離脱と同時に、地方における板垣派の拠点に、政府による打撃が加えられはじめたのである。

西南戦争と「わりこむ運動」の挫折

一八七七(明治一〇)年二月五日、西南戦争が勃発したのはこうした状況下においてであった。そして、同年七月から八月にかけて、林有造、片岡健吉らの立志社幹部は、武器・弾薬を準備し蜂起を企てたという嫌疑で逮捕されてしまう。

この立志社の挙兵計画の詳細は今もって不明な点が多い。板垣ら立志社の首脳は蜂起に反対であり、林有造ら県外居住の立志社員の一部が挙兵を企てたに過ぎないという説と、板垣ら主導部も蜂起に積極的であったという説があり、結論は出ていない。

ただ、西南戦争中の立志社の動きを全体としてみた場合、西南戦争に乗じて、武力によって政府を打倒する動きと、大阪会議のときと同様に、板垣らの政府復帰をもくろむ「わりこむ運動」の二つの動きが存在していたこと、そして、「わりこみ」のための「ゆさぶり」を立志社が政府に対してかけていたことはまちがいない。

武力蜂起計画については、すでに述べたように林有造らが武器・弾薬を購入する動きを見せていた。また、「わりこみ」については、後藤象二郎を政府に復帰させて、政府の陣容を一変させる策動がおこなわれていた。

「わりこみ」のための「ゆさぶり」としては次の二つがあげられるだろう。

一つは、四月二六日に高知県庁に提出された「護郷兵」を設置する願書である。これは、西郷軍が四国に侵入する可能性を念頭におき、郷土を防衛するための民兵を高知県で組織したいというものであるが、県庁に却下された。その目的とするところは、立志社の潜在的な武力を政府に対して誇示する点にあったと考えられる。

もう一つは、六月に京都滞在中の天皇に宛てて、片岡健吉によって提出された建白書、いわゆる「立志社建白」である(政府はこれを却下)。民撰議院の設立を要求するこの長大な建白書の論理は、大筋においては民撰議院設立建白書と同一である。それは、危機に瀕する国家を救うためには、民撰議院を開設して人びとに政治参加の機会をあたえ、一人ひとりに政治の担い手としての自覚を持たせることが必要であると述べる。くわえて、立志社建白は、財政、徴兵制、外交といった個別の政策課題について、政府の施策を批判している。立志社が、政治危機を解決できるだけの構想を有していることを建白書は示そうとしているといえよう。

つまり、西南戦争中の立志社は、その武力と構想とを政府に対して提示することで、内戦という危機のただなかにある政府にゆさぶりをかけようとしていたのである。

板垣が武力蜂起計画にどの程度関与していたかはさておき、最終的には板垣が武力蜂起を選択しなかったことはたしかである。それにもかかわらず、同郷人で、また熊本で西郷軍と戦闘中の谷干城が、やはり同郷人である佐佐木高行に宛てて、「彼の士官輩を初め、曾《かつ》て戊辰の役の事を極度と心得、うぬぼれ強く、母成峠《ぼなりとうげ》・会津攻城を極苦と心得、板垣が自惚《うぬぼれ》戦略の説教に被惑《まどわされ》、僅々たる腕力を試み」と書き送っていること(七月八日)は興味深い。板垣とその指導下にある旧土佐系の軍人たちにとっては戊辰戦争の経験がそのアイデンティティの中核にあった。指導者としての板垣の権威は戊辰戦争の功績によって支えられており、その指導下の立志社は、潜在的な軍隊であるからこそ存在感を持っていたのである。

西南戦争における西郷の敗北と、立志社の蜂起の未発は、政府からみた潜在的な軍隊としての立志社の存在感を失わせることになった。大阪会議にはじまり、板垣辞職、通諭書事件、西南戦争と続く一八七五(明治八)年から七七(明治一〇)年にかけての立志社の動向は、「わりこむ運動」の一時的成功とその挫折として理解することができるだろう。立志社が「わりこみ」をはかる条件は、第一にそれが潜在的に軍事力の担い手であることと、第二に民撰議院の設立という魅力的なポスト身分制社会の構想を掲げていることの二つであった。木戸という有力者が政府から離れていたり、西郷という有力者が武力によって政府に敵対していたり、という政府の危機的状況においては、この二つの条件をみたす板垣・後藤が政府に「わりこむ」可能性は高まる。

しかし、結局、大久保利通ひきいる政府は、板垣・後藤の力を借りることなく、独力で西郷軍に勝利をおさめた。もはや軍事英雄板垣は、政府に対する軍事的脅威ではない。彼らは別の運動のあり方を模索しなければならなくなったのである。

第三章
「私立国会」への道

西　暦	出　来　事
1877(明治 10)	嚶鳴社設立
1878(明治 11)	4 月 29 日　愛国社再興趣意書発表
1879(明治 12)	3 月 27 日　愛国社第二回大会
	7 月　杉田定一，自郷学舎を設立
	11 月 7 日　愛国社第三回大会
1880(明治 13)	1 月　筑前共愛会，国会開設の建白書を提出
	1 月　交詢社設立
	4 月　愛国交親社設立
	3 月　国会期成同盟第一回大会
	4 月 5 日　集会条例発布
	4 月 17 日　片岡健吉・河野広中，国会開設願望書の提出を試みる
	11 月 10 日　国会期成同盟第二回大会

一　ひろがる結社

愛国社の再興

一八七八(明治一一)年四月、立志社は「愛国社再興趣意書」を発表した。その趣意書は次のように言う。廃藩置県によって藩の結合が解体し、人びとは進むべき方向を見失っている。全国の人びとの結びつきはいまだ弱いのに、藩の解体によってこれまで存在していた結びつきさえ失ってしまった、と。

ここには、身分制社会の解体という状況のもと、全国的な結社連合となることを目指した愛国社の性格がよく表れている。愛国社の目的は、旧藩の結びつきに変わり、全国の人びとの結びつきを、新たに、しかも人びとの自主的な運動としてつくりあげることにあった。

西南戦争の終結によって、立志社は、武力を背景に中央政治権力に「わりこむ」可能性を失った。その立志社が選んだのは、自分たちの力で身分制社会にかわる新しい秩序を創出することであった。それが全国的な結社連合としての愛国社に託された目標だったのである。

こうして立志社の自由民権運動は再出発する。再興趣意書を携えた立志社員らが遊説に出発する。遊説先は第一のグループ(植木枝盛、栗原亮一)が四国、山陽、山陰、第二のグループ(安岡道太郎、杉田定一)が加賀、紀州、九州である。当時の立志社には東日本に遊説をおこなう力はなかった。

一八七八(明治一一)年九月、立志社の呼びかけにこたえた人びとが大阪に集まり、愛国社の再興大会が開かれた。松山、岡山、鳥取、福岡、久留米、佐賀、豊津、和歌山、愛知、高松、熊本、土佐から参加者があった。遊説先が西日本にかたよっている結果として、参加者も西日本に限定されている。

大会の開会にさきだって問題となったのは、結社代表としてではなく個人としてやってきた人びとの扱いであった。こうした参加者は五名いたが、このうち杉田《すぎた》定一《ていいち》と栗原亮一の二名だけが、発言は可能だが決議権を持たない特別扱いとして参加を認められた。杉田定一は越前の豪農、栗原亮一は鳥羽藩の出身であるが、二人とも高知に滞在して立志社と活動をともにしてきた運動家であり、また愛国社再興の遊説員でもあった。再興大会開催の功労者であるこの二人を例外として、結社代表ではない者の参加は認められなかったのである。愛国社はあくまで結社の連合であることを目指していた。

大会が開催されると、各社が人的・資金的に愛国社の活動を支えられるかどうかが議題となった。つまり、愛国社の委員として活動する人間を各社から出せるかどうか、あるいは愛国社の活動資金を分担できるかどうか、ということである。この点を話し合う前提として、各地の結社から活動の現状報告がおこなわれた。

しかし、そこからうかがえる各地の活動状況は活発とは言いがたいものである。たとえば久留米の代表は、旧藩時代に士族がいくつかの地域的グループに分かれて集団をつくっており、その集団をまとめて結社をつくる計画である、と述べている。また、高松純民社の代表は、純民社は平民のみの集団で、士族の入社は拒否しており、士族は士族で別の組織の立ち上げを計画している、と報告している。豊津の代表にいたっては、これまでの活動として銀行の設立をあげ、愛国社の趣旨はいまだ理解しておらず、その活動の効果を見極めたうえで今後の方針を決めたい、と述べている。

つまり、愛国社再興大会に参加した各地の結社は、身分的な集団としての色彩を濃くのこしていた。そのうえ、愛国社にどのような活動を期待するかについての共通の了解もなかった。結局、資金拠出や人的負担について積極的な態度を見せたのは立志社のみであった。

愛国社再興大会は、愛国社再興合議書を決議し、愛国社の再興を宣言して閉幕した。大会の終了後、愛国社の「社局」(事務局)が大阪に設置されたが、その活動は人的にも資金的にも立志社が一手に引き受けていた。
愛国社の第二回大会は、翌一八七九(明治一二)年三月に大阪で開かれた。佐賀、鳥取、熊本、名古屋、松山、久留米、福岡、豊津、松江、京都、東京、土佐から参加者があった。依然として西日本中心である。第二回大会での議題も委員の選出方法や費用分担の方法が中心であった。愛国社の組織の維持自体が課題であって、新たな活動について議論する余裕はなかったのであろう。

このように、第二回大会までの愛国社の活動は決して活発であったとはいえない。また、士族中心の各地結社の活動も不安定であった。この時期の士族結社のなかには、幹部が県庁や政府の官吏となってしまい活動の基軸となる人物を失ったり、財政が窮乏して活動ができなくなったりするものなどが相ついでいた。そうした各地結社の連合体である愛国社の活動も沈滞せざるをえなかったのである。

ポスト身分制社会の新たな秩序づくりの担い手たらんとした愛国社であるが、その構成員自体が身分制的秩序の枠に強くとらわれており、そこから新たな秩序を生み出すことは容易ではなかったのである。

筑前共愛会

各地の結社に目を転じてみよう。こうした愛国社系の各地結社の停滞のなかで、比較的順調に勢力を拡大していたグループとして福岡の向陽社《こうようしゃ》がある。

愛国社再興大会には、福岡から頭山満《とうやまみつる》と進藤喜平太という二人の士族が参加している。彼らは、帰郷後に結社・向陽社を結成した。頭山、進藤や、向陽社の中心人物となる箱田六輔は、秋月の乱・萩の乱に呼応する計画で逮捕された経歴を持つ。士族反乱につながる不平士族が中心となって生まれた結社である。

向陽社内には愛国社の参加の可否をめぐる対立があり、愛国社への参加は「正倫社」の名義でおこなわれた。そのため、彼らは愛国社大会の記録では正倫社の代表として記載されている。また、向陽社は一八七九年に「玄洋社」と改称している。

向陽社は、社が運営する塾の教師として高知から植木枝盛を招聘するなど、立志社との連携をはかる一方、地元では筑前共愛公衆会(のち共愛会)という特異な組織をつくりあげる。

共愛会組織の発端は、一八七九年一月、向陽社のメンバーが条約改正について政府に建白するため「筑前州民会議」の開催を呼びかけたことにはじまる。会議の準備のなかで、条約改正についてだけではなく国会開設についても建白をおこなう方針に変更され、一二月一日に開かれた会議で結成されたのが筑前共愛公衆会である。翌一八八〇(明治一三)年一月には条約改正・国会開設の建白書を元老院に提出した。

共愛会が特異なのは、それが、自発的な有志が形成する組織という意味での「結社」ではないからである。共愛会の指導部は、共愛会は「筑前人民公衆」の結合であって、「有志社会の結合」ではない、とこの点を明確にしている。実態はともかくとして、理念のうえでは、共愛会は参加する意思を持つ有志が参加するのではなく、筑前国の全住民が構成員となる組織として考えられている。有志が参加する結社として存在するのは向陽社・玄洋社であって、共愛会は結社ではない。

共愛会の「連合本部」は、筑前国を構成する一五の郡を単位とし、各郡の戸数に応じて選出された委員によって構成される。そして、各郡の本部は各町村から選出された委員によって構成される。町村→郡→筑前国の積み上げによってつくられた一種の民会組織である。民会ではあるのだが、それは政府の法令や県庁の命令によって設定された民会ではなく、地域住民が自主的に組織した民会である。共愛会は、地元での自主的な民会組織がそのまま国会開設運動の主体となるという方向を目指していた。

全体として停滞ぎみの愛国社系結社のなかで、福岡のグループが発展の契機をつかんだのは、地元に共愛会という自主的民会組織をつくりあげることで、もともとの母体となった不平士族集団をこえた人びとを巻き込むのに成功したことによる。こうして、筑前共愛会を中心とする九州グループは高知の立志社とならぶ愛国社の柱に成長していく。

蚕糸業と結社——群馬

一方、愛国社に参加した結社以外にも、各地に結社はひろがっていく。

一例として群馬県の状況をとりあげてみよう。一八七七(明治一〇)年、伊勢崎で、伊勢崎周辺の商家・地主・水運業の出身者が中心となって「協同社」という結社が設立される。この団体は産業振興を目的として掲げていた。また、一八八〇年には、蚕糸家新井毫《あらいごう》を中心として、大間々村《おおまままむら》に「尽節社《じんせつしゃ》」が設立される。

士族の側の動きとしては、一八七九(明治一二)年、高崎で「有信社」という結社が設立される。旧高崎藩士族が中心となった団体で、当初は旧藩士の親睦団体の性格が強かった。

こうした県内各地での結社設立の動きをうけて、一八七九年から、一県単位の結社連合の結成準備が進められ、一八八〇年三月七日、各郡選出の委員三四名が集会を開き、「上毛《じょうもう》連合会」の規則草案を審議した。しかし、この集会では、産業振興を目的とするのか、国会開設運動を優先するのかの議論がおこり、国会開設優先を主張する二一名が会議の席から退場して、別に「上毛同盟会」という名称の組織を立ち上げる。のちに述べる集会条例の発布によって上毛同盟会は解散するが、八月に入ると高崎の有信社員と旧前橋藩士族の斎藤壬生雄らが上毛連合会再興の動きをみせ、九月一二日、彼らによって「上毛有志会」が結成される。

群馬県は養蚕・製糸業の盛んな地域であり、それを背景に、商工業関係者が経済問題を軸に据えた結社を立ち上げているのが特徴である。商工業関係者による結社と、旧藩士族による結社とが、次第に一県単位で結びつきながら、国会開設運動へと向かってゆくのである。

村と結社——越前

結社は江戸時代の村や藩とは異なり、人びとの自発的な結びつきによって生まれる、ポスト身分制的な結合である。しかし、同時に、士族結社の多くが旧藩士族の結びつきから生まれているように、まずは江戸時代のつながりを利用して結社が生まれてくることも多い。農村においては、結社は時に村という江戸時代の基本的身分集団を基礎としながら生まれてくることもある。そうした結社として杉田定一が故郷越前(一八八一年までは石川県に所属、のち福井県)で結成した結社をあげることができる。

杉田定一は、すでに述べたように、高知に滞在した経験を持つ愛国社の著名な活動家であるが、これもさきに見たとおり、愛国社再興大会では地元の結社の代表ではない単身の参加者として特別に参加を認められていた。当然、杉田には愛国社再興大会後、地元での結社結成に向けて動きだす必要があった。

一八七九(明治一二)年七月、杉田は、坂井郡波寄村《なみよせむら》(現在の福井市)の自宅の酒蔵を改造し「自《じ》郷学舎《きょうがくしゃ》」という学校を設立する。生徒は周辺の豪農の子弟が中心であった。つづいて八月、結社「自郷社《じきょうしゃ》」を設立する。自郷学舎の生徒は自郷社の社員ともなり、くわえて新たに自郷社の社員となった者が三六人、これも周辺の豪農であった。

杉田定一．出典『杉田鶉山翁』

さらに杉田は、一八八一(明治一四)年九月、地元である坂井郡をこえて、越前国全体を基盤とする結社「天真社」を組織する。

天真社への参加は村を単位としておこなわれた。結社の発起人となる構成員は一村単位で「全村」あげて参加することが定められ、その後、あらたに加入するメンバーは個人単位で参加することとされていた。このように、結社が村連合という形をとる点に天真社の特徴がある。

天真社の組織の背景には越前の地租改正不服運動があった。越前では、一八七八(明治一一)年以来、地租改正の際、県によって査定された地価額が高すぎるとして、その受け入れを拒否する運動が展開していた。天真社の結成の母体となったのは六郡二六村であるが、この二六村のなかには地租改正の結果の受け入れを最後まで拒否した村が一四村含まれている。杉田定一もまたこの運動に参加していた。地租改正不服運動は村を単位として、村の連合組織によって担われていたので、その運動組織の一部が結社へと転換したものが天真社であるということができるだろう。

また、越前の地租改正不服運動には、土佐立志社から寺田寛・楠田伊奈伎という士族の運動員が参加していることも注目される。彼らは農民たちからの委託をうけ、書類の作成や官庁との交渉にあたった。いわば専従の運動家である。一八七九(明治一二)年から八〇(明治一三)年にかけては、地租改正不服運動と並行して国会開設の署名集めが杉田を中心におこなわれるが、寺田・楠田にくわえて、福岡の向陽社系の士族も運動員として来訪している。

愛国社再興大会に単身で参加せざるをえなかったことからわかるように、杉田定一の地元における組織はかならずしも強固なものではなかった。愛国社に参加しつづけるために杉田は地元での組織づくりを進める必要があったが、そのために杉田が利用したのは村連合という江戸時代以来の組織のあり方と、土佐立志社・福岡向陽社という外部の力であった。

しかし、純粋に有志の自発性にもとづいてつくられたわけではない、このような運動のあり方には多少の無理がともなった。そうした無理は、たとえば立志社員が高い月給を要求し、移動に際して、一里につき一〇銭の車代を要求するというような行動をとったことにあらわれる。地元住民でない外部の運動家は、プロの運動家としてその運動によって生計を立ててゆかねばならない。外部運動家を招き入れた以上、これは避けがたい事態であろう。一方、村ぐるみで組織された農民の側からみれば、高い対価を要求する運動家の論理は理解しがたいものであろう。自分たちの税金の額という直接的な利害にかかわる地租改正不服運動においては村連合形式による広い範囲の農民の結集が可能であったとしても、結社や国会開設運動にそうした対価は見合わないと考えられたとしても不思議はない。地租改正不服運動の組織である越前七郡連合会に組織された村が一三七九村であるのに対し、国会開設署名運動にかかわった村は約一四〇村、そして天真社に参加したのはすでに述べたとおり、二六村にとどまったのである。

都市知識人の結社——交詢社

こうした村連合による農村の結社とは対極的なところにあり、人びとの自発的な結合という点ではもっとも結社らしい結社が、都市知識人の結社である。それぞれの出身地を離れ、都市で政府の役人や、学校の教師、ジャーナリストとして生きることを選んだ都市知識人たちは、その活動のあり方自体が身分制社会の解体によって可能となったような人たちであった。したがって、彼らの結社は、近世社会に存在していたつながりからはもっとも自由であった。都市知識人の結社には、小野梓《おのあずさ》らイギリス留学経験者が設立した「共存同衆」、慶應義塾の出身者を中心に結成された「交詢社《こうじゅんしゃ》」、官吏とジャーナリストを主な活動の担い手とした「嚶鳴社《おうめいしゃ》」などがある。

そうした結社の一つ、交詢社は一八八〇(明治一三)年一月二五日に結成された。福沢諭吉を常議員長とし、幹部には矢野文雄、箕浦勝人《みのうらかつんど》ら、のちに政治家として活躍する慶應義塾出身者が名を連ねた。

交詢社はもともと慶應義塾の同窓会として計画されたものが、卒業生以外にも参加者を拡大させることで成立したもので、「社交クラブ」と評されることもある。しかし、設立当初の交詢社は、今日、社交クラブという言葉でイメージされるものより幅広い機能をもっていた。

交詢社という社名は、社則に掲げられた「知識を交換し、世務を諮詢《しじゅん》する」という社の目的に由来している。「知識の交換」とは、分業のすすむ社会で、それぞれの専門を持つ者同士が情報交換をおこなうことを意味しており、「世務の諮詢」とは、人びとが直面する問題について相談しあうことを意味していた。この「世務の諮詢」に対応するのが、交詢社の機関誌『交詢雑誌』で、社員からの質問に答える事業をおこなったことである。一八八〇年から八八(明治二一)年までのあいだに、社員から寄せられた質問状は二万五八七三件におよび、そのテーマは商業、工業、農業から政治、法律まで多岐にわたる。この事業は社員を東京在住の知識人に限らず、全国に広げることを念頭において創設されたものであり、発会時の会員一七六七名のうち、地方在住者が六四％を占めていた。前章でみた埼玉の七名社の創立者であった石川弥一郎も、東京で官吏となったのちに、郷里の七名社同人に宛てて交詢社への入社を勧めている。

交詢社は設立当初から、「三田政党」、つまり福沢諭吉による政党組織の試み、という評判が立っていた。福沢はこうした意図を否定し、また交詢社の規則も社の会合で政治問題を議論することを禁じていた。しかし、社員有志による演説・討論の開催は認められており、一八八一(明治一四)年四月には『交詢雑誌』に社員の手による憲法案が発表され、大きな影響を与えることになる。

設立に際して作成された「交詢社設立之大意」は、「藩名に依て社を結ばんとするも既に其藩なし」と、廃藩置県後に人びとを結びつける紐帯が失われてしまったことを問題視している。これは前章でみた立志社趣意書なども共通する認識で、交詢社も同時期生まれた他の結社同様、身分制社会解体後の新しい結びつきをつくり上げることを目標としていた。そして、その活動のなかには、新しい時代を生きていくために必要な専門知識の交換も、新しい時代の仕組みを構想するために憲法案を作成することも、含まれていたのである。

演説会と新聞の結社――嚶鳴社

一方、政府の官吏を中心として設立され、演説や新聞といった手段でより積極的に外部に働きかけていった結社が嚶鳴社である。

嚶鳴社の前身は、一八七四(明治七)年に司法省の官吏・沼間守一《ぬまもりかず》が、同僚の河野敏鎌《こうのとがま》らと開いた「法律講習会」である。沼間はヨーロッパへ視察におもむいた際に、その地での言論活動の活発さに感銘をうけ、帰国後、演説・討論の場として設けたのがこの法律講習会であった。法律講習会は一八七七(明治一〇)年に嚶鳴社と改称し、沼間のほか、やはり政府の官吏である島田三郎、田口卯吉らが参加した。会は一般に公開され、演説、討論、講演などがおこなわれた。沼間はイギリスの思想家ベンサムの著作について講義している。演説のテーマは政治、法律、経済、宗教、教育など多岐にわたった。

また、嚶鳴社は地方にも組織を持っていた。一八七八年、福島に設立された「第二嚶鳴社」がその最初で、以後各地で「第○嚶鳴社」と番号を付した地方嚶鳴社の設立が相つぐ。

一八七八(明治一一)年一〇月に定められた「社則」では、その目的を「知見を広め学識を長ずることとしており、「政治若くは諸般の学術に関する事項を討論弁議」することを主な活動としていた。嚶鳴社は一八七九年に二五回、八〇年に二八回、八一年に三二回の演説会を開催しており、一八八一(明治一四)年の東京府下の全政談演説会の二六%が嚶鳴社の演説会であった。

沼間守一．出典『沼間守一』

このように演説会を活動の中心に据える嚶鳴社にとって打撃となったのは、一八七九年五月二日に、政府が官吏の政談演説を禁止する命令を出したことであった。当時、嚶鳴社の社員の三分の一は官吏であり、それまでどおりの活動を継続することは困難であった。この命令に対応するため、沼間守一は官吏を辞職し、嚶鳴社の活動に専念することになった。そして、公開の演説会には官吏は参加しないこととし、ジャーナリストなど官吏以外の社員らによって演説会を継続した。一方、官吏の社員を含む集会は、会員以外には非公開の討論会とし、公開の演説会と非公開の討論会という二本立ての活動によって、嚶鳴社は官吏の政談演説禁止という危機を乗り切った。

そのうえで、一八七九(明治一二)年一一月には『横浜毎日新聞』を買収、『東京横浜毎日新聞』と改称して、嚶鳴社の機関紙とした。嚶鳴社は、演説と新聞を用いた言論活動をおこなう都市知識人の集団へと成長したのである。

嚶鳴社の性格で注目すべきことは、それが政府の官吏たちの活動としてはじまり、民間のジャーナリストや代言人《だいげんにん》(弁護士)、教師を巻き込む形で成長していったことである。この時期の政府官吏たちと民間知識人たちのあいだには、目指すべき社会のあり方について、隔絶した考え方の違いがあったわけではないのである。

このことはすでに民撰議院論争のところでも見たとおりである。将来的に、何らかの形で憲法を制定し、選挙で選ばれる議会を設けることについては、幅広い合意がすでに存在していた。そのこと自体が政府と民権派のあいだで争われたわけではない。問題は、いつ、誰の主導によってそれがおこなわれるか、であった。立志社は、ただちに、自分たちが主導してそれを実施することを望んだ。一方、嚶鳴社の官吏たちは、政府に属しながら、民間知識人と協力しつつ、それを実現しようと考えていた。嚶鳴社は一八七九年から八〇年にかけて憲法草案を起草しているが、それはそうした路線のあらわれであった。

演説会

嚶鳴社の活動の柱は演説会であった。嚶鳴社にかぎらず、民権運動家たちは頻繁に演説会を開き、演壇に立った。

日本における演説会の隆盛に先駆的役割は果たしたのは福沢諭吉と慶應義塾関係者である。福沢らは一八七四(明治七)年六月二七日、「三田演説会」を設立し、自分の意見を公開の場で人に訴える「演説」という習慣を日本に定着させようとした。一八七五(明治八)年には、演説の専用会場として、現在も残る三田演説館が建設された。おなじ一八七五年には、福沢もそのメンバーであった明六社も演説会を開始している。

そのころ、のちに民権派の論客として知られることになる植木枝盛は東京に滞在していた。植木の日記からは、彼が毎回のように三田演説会と明六社の演説会に足を運んでいたことがわ

明治会堂での演説会．中央区立京橋図書館提供

かる。民権家・植木枝盛を育てたのはこの二つの演説会だった。

こうしてはじまった演説会は各地の結社でも盛んに開かれるようになる。一八七七（明治一〇）年は高知の立志社で演説会が開始され（一八七四年という説もある）、同じ年には名古屋で宮本千万樹という人物が演説会を開いている。宮本は翌年の愛国社再興大会の出席者である。埼玉の七名社という結社が、一八七八（明治一一）年から演説会をはじめたことは前章で述べた。

演説会の広まりにたいして、政府は次第に規制を強めてゆく。一八七八年七月一二日に出された法令で、政府は、「民心を煽動し国安を妨害する」ような演説に対しては、会場に派遣された警官によってその場で中止を命じることができるようにした。

しかし、こうした警官による演説の中止は、ときとして逆効果であった。演説会の会場で、弁士は、聴衆に「諸君！」と熱い語り口で呼びかけ、呼びかけられた聴衆も、拍手や、賛意を示す掛け声、反論の野次などでそれに応える。弁士と参加者が一体となった熱狂の空間のなかに、「弁士中止！」の声とともに割り込んでくる警官は、演説会の熱狂を冷ますのではなく、「敵」の登場によって弁士と聴衆の一体感を強め、会場を盛り上げてしまう役割を果たしてしまうのである。

演説会の熱狂は、そこで語られる国会の開設や憲法のあり方といった政治問題に深い関心をもつわけではない民衆をも惹きつける魅力をもっていた。一八八〇(明治一三)年ごろ、愛媛県八幡浜の長浜立志舎で開かれていた演説会では、弁士が政府や官吏を口をきわめて罵り、それが多数の参加者の「拍手喝采」を集めていたという。

また、一八八二(明治一五)年六月、福島県福島町で開かれた演説会に参加した魚類商武子庄二郎は、中止を命じた巡査に石を投げたとして逮捕されたが、警察での取り調べに対して、演説の主旨は一向にわからなかったし、演説者の名前も知らない、と答えている。

激しい言葉で政府を批判する弁士、悪役としての警官、両者の激突と会場の混乱。聴衆にとって演説会は一種の痛快な見世物であり、参加者は必ずしもそこで説かれる政治構想の理屈を理解し共鳴していたわけではなかったのである。

それではなぜ、民衆は民権運動の演説会に興奮することができたのだろうか。一面では、それはいつの時代も変わらぬ政府への不満や、それをはげしく批判する言葉を聞くことによって得られる快感を求めてのことだったかもしれない。しかし、演説会がこのような興奮をもたらすイベントとして隆盛を誇ったのは、自由民権運動の時期に限られる歴史的現象である。身分制社会の解体と、ポスト身分制社会の模索という時代状況のなかで、この現象を考える必要がある。

撃剣会

それを理解する際にヒントを提供してくれるのが、愛知県の「愛国交親社」という結社である。

ただし、愛国交親社の性格を考えるためには、話をふたたび戊辰戦争時に戻さなくてはならない。第一章で述べたように、尾張藩は戊辰戦争時に、博徒からなる集義隊、都市下層民からなる磅礴隊を組織し、戦場に投入した。彼らは戊辰戦争において戦功をあげたにもかかわらず、廃藩置県後に士族身分を喪失してしまう。その後、士族身分の回復をもとめる運動を展開した彼らが、生活の糧としておこなったのが「撃剣会」興業であった。

撃剣会．Image：東京都歴史文化財団イメージアーカイブ．
東京都江戸東京博物館蔵

撃剣会とは剣術の試合を見世物にしたものである。会場には土俵が築かれ、東西から一人ずつ、面と胴をつけた剣士が土俵に上がり、試合をおこなうのである。迫力にあふれるもので、当時各地で流行していた。

そのころ愛知県では、愛国社系の民権運動家・内藤魯一《ないとうろいち》が活動していた。内藤は一八七九(明治一二)年、「三河交親社」という結社を結成するが、さらなる組織拡大をねらって目をつけたのが、撃剣会興業の集団であった。一八八〇(明治一三)年、三河交親社は撃剣会興業の集団と合流して「愛知県交親社」となった。しかしこの合流は長続きせず、まもなく撃剣会の集団は内藤から離れて独自の結社となった。これが「愛国交親社」である。つまり、愛国交親社は撃剣会興業の集団を母体に生まれた組織であり、さらにさかのぼればその源流は戊辰戦争時、尾張藩が動員した博徒と都市下層民の軍隊ということになる。

愛国交親社は、結社としての体裁をとったのちも撃剣会をおこなっていた。少し後の時期になるが、一八八三(明治一六)年八月に愛国交親社が開いた「野試合大撃剣会」の様子は次のようなものであった。参加者一五〇〇名余りを二手にわけ、それぞれを源氏と平氏になぞらえて紅白の旗を持ち、社長の庄林一正《しょうばやしかずまさ》は陣笠をかぶり陣羽織を着て馬に乗って会場となった寺の境内に到着。ほら貝と陣太鼓を合図に、紅白それぞれの陣営から面・小手をつけ、竹刀を持った剣士たちが出陣し、入り乱れて模擬戦を戦い、白組の勝利に終わる。その後社長の前で代表者同士の槍の試合。続いて、少女二、三名による薙刀の試合。二回目の紅白戦がおこなわれて会が終了したのは夜の八時半。会場は見物客で立錐の余地もなかった。

一体このイベントのどこが自由民権運動なのか。疑問に思われるかもしれない。しかし愛国交親社は同時に演説会を開催しており、そこでは自由民権運動的な国会開設論が説かれてもいる。この結社の性格をどのように考えればよいのだろうか。活動の実態をもう少し追ってみよう。

「参加=解放」型幻想——愛国交親社

愛国交親社は剣術の指導もおこなった。撃剣会というパフォーマンスと剣術の指導を通じて、愛国交親社は農村部に急速に組織を拡大していく。一八八〇(明治一三)年、愛国交親社は愛知県・岐阜県に一〇〇〇名ほどの社員を有していたが、翌一八八一(明治一四)年に入ると社員数は一万五〇〇〇名をこえ、一八八二(明治一五)年から八三年にはその数は二万八〇〇〇名に達する。名古屋に近接する地域では戸数の半数以上が愛国交親社員という村も存在した。参加者の多くは貧しい農民であった。農村部には剣術の稽古場が設けられ、社員たちはそこで稽古に励んだ。

一九五〇年代から七〇年代に愛国交親社員の子孫の家々を調査してまわった長谷川昇氏は、調査当時、ある村では軒並み愛国交親社の社員証が仏壇の引き出しに入っていたという証言をのこしている。おどろくべき組織の広がりである。

興味深いのは、このように多くの社員を組織するにあたっておこなわれた愛国交親社の宣伝の内容である。当時の新聞報道によれば、愛国交親社は次のような勧誘活動をおこなっていたという。「愛国交親社に加入すれば二人扶持の俸禄が支給され、さらに腕力のあるものには帯刀が許される」「入社すれば兵役を免れる」「入社すれば永世禄が支給される」「税金が免除される」「明治二三年(明治一四年の政変直後、国会の開設を政府が約束した年である)になり国会が開設されると、全社会の財産は平等に配分される。その時になれば愛国交親社員は苗字帯刀を許される」。

この荒唐無稽ともいえる勧誘のしかたから見て取れるのは、人びとが抱いていたある種の幻想が愛国交親社の急速な組織拡大を支えていたということである。その幻想とは、愛国交親社のメンバーになることによって、人びとが苦しい現状から解放される、という幻想である。この幻想のなかで、愛国交親社は、政府や社会に働きかけて苦痛からの解放を実現する運動の主体としてよりも、むしろ、参加することが即、解放に結びつく性格の組織と考えられている。本書では、このような「○○のメンバーになると、来るべき社会でよりよい暮らしが約束される」という幻想のあり方を「参加＝解放」型の幻想と呼ぶことにしたい。

そしてその幻想の具体的内容には、「永世禄を支給される」とか「帯刀が許される」などの「武士になる」というイメージが色濃く投影されている。

尾張藩の集義隊・磅礴隊に参加した人びとは、近世社会において中核的な身分とはいえない、都市下層民や博徒といった「身分的周縁」の人びとであった。彼らは、戊辰戦争での活躍によって、一度は武士になることができた。腕力を活用することで社会的に上昇し、より楽な暮らしを送ることができるという経験を持ったのである。より楽な暮らしの具体的なイメージが「武士になる」ということと結びついたのには現実の裏づけがあった。

剣術の稽古により腕力を養い、ある組織のメンバーとなることによってより楽で安定した暮らしを送ることができる。こうした幻想は、身分制社会の解体という時代状況で広い支持をあつめていった。

近世社会でそれぞれが属していた「袋」がやぶれてしまい、所属すべき「袋」からあふれ出した人びとが拠り所を求めて結社をつくる。身分制社会の解体状況のなかで、新しい結びつきと、苦しい生活からの解放を求めた愛国交親社の運動は、その意味で確かにポスト身分制社会を模索する運動だった。内藤魯一のような愛国社の活動家がこの集団に目をつけたのは、愛国社の運動と撃剣会に集う都市下層民たちとの間に身分制社会にかわる新しい社会を目指すという共通点があったからである。

一方、彼らのイメージする苦痛からの解放のなかには、身分制社会を前提とした「武士になる」というイメージが含まれている。新しい社会の像を描くにあたって、「禄が支給される」という武士のイメージを用いることがおこなわれた。過去に経験したことのある手持ちのイメージが、誰も経験したことのない未来のユートピアを描くために使われるのである。

新しい社会の模索

自由民権運動を、西欧近代的な自由と民主主義という思想から出発する運動として捉えるならば、愛国交親社のような運動は自由民権運動に含まれないか、あるいはその逸脱した、奇妙な形態として見られることになるだろう。しかし、こうした見方では、自由民権運動の特徴をつかまえることができない。

自由民権運動を、運動の思想的な目標と、運動の形態の二つの側面にわけて整理してみよう。まず、思想的な目標の面からみるならば、民撰議院設立建白書をめぐる論争が、民撰議院の設立が時期尚早か否かに限定されていったように、官吏を含む知識人たちの間では、憲法にもとづき、議会を備えた政体がいずれ日本でも実現されるべきである、という点では、それほど大きな差はなかった。つまり、終着点とする社会のイメージからみるならば、政府の官吏も、福沢諭吉やそれに影響を受けた知識人も、愛国社の活動家も大差はなかった。したがって、この側面だけをみるならば、嚶鳴社や愛国社を、ことさらに「自由民権運動」として括り、他の政治集団や思想家と区別する必要はない。おそらく、愛国社指導部が目標とする国家像は、愛国交親社員の多数をしめた貧しい都市住民や農民の目標よりもはるかに、政府のメンバーが目標とする社会のイメージに近かった。

しかし、運動の形態をみた場合、どうであろうか。結社をつくった人びとは、身分制社会の解体状況のなかで、人と人との新しい結びつきをつくり出そうとした。そして、そのような新しい結びつきを出発点にして新しい社会を模索した。そのような人びとの動きとして自由民権運動をとらえるならば、嚶鳴社のような留学経験のある都市知識人の運動も、剣術に励み、武士になることを夢見る愛国交親社の運動も、同じ性格のものと考えることができるのではないだろうか。

嚶鳴社の知識人たちは、故郷を離れ、近世社会での人びとのつながりから切り離された存在として都市社会に暮らし、西欧的な知への理解を深めるための場として結社をつくった。彼らはみずから憲法案を起草し、来るべき社会の設計図を描こうとした。一方、愛国交親社の社員たちは、結社に参加し、剣術の腕を磨くことで、来るべき社会で安楽な暮らしが約束されると考えた。両者が来るべき社会としてイメージしているものは全く別のものである。しかし、新しい社会をつくるために、自分たちの力で人びとの結びつきをつくり出そうとした点で、この二つの運動は、同じ時代状況、つまり身分制社会の解体という時代状況を背景にしている。

確固とした政治構想を有するわけではない民衆が演説会に集まり、弁士の演説に熱狂するといった現象は、こうした、身分制社会にかわる新しい社会をもとめる人びとの流動的な状況を背景にしている。新しい、苦しみのない暮らしをもたらしてくれるかもしれない民権派への、漠然とした期待がそこには存在した。

そして、自由民権運動が都市知識人や一部の活動家の運動にとどまらない広がりをもつために、「参加＝解放」型の幻想が果たした役割は小さくなかった。愛国交親社は決して例外ではなかったのである。この点には第五章で触れることにして、ふたたび愛国社系の活動の推移を追うことにしよう。愛国社系の運動には、政府の政策や都市知識人の運動と異なり、民衆の「参加＝解放」型幻想の受け皿となる要素が存在した。それが「私立国会論」である。

二　国会開設運動から私立国会へ

国会開設請願をめぐる対立

三度目となる愛国社大会は一八七九(明治一二)年一一月、大阪で開かれた。愛国社第三回大会には、石陽社《せきようしゃ》・三師社《さんししゃ》の代表・河野広中と、自郷社代表・杉田定一が参加した。事実上西日本の士族結社の連合体であった愛国社に、農民の結社の代表者が加わった。杉田が以前からの愛国社の活動家であることはすでにみた。河野も一八七七(明治一〇)年に高知を訪れて板垣らと面会したことがある。愛国社第三回大会に先立ち、河野は石陽社・三師社から代表としての委任をうけ、ふたたび高知を訪問、途中の大阪で愛国社への参加を希望し、認められて第三回大会に参加したのである。

それは、単に参加者の地理的範囲が広がったとか、参加階層が広がったというにとどまらない意義を持つ。結社は、自発的な人びとの結びつきであるという点で、身分的な集団とは異なる原理で結びついた集団であるが、現実には古い身分秩序に依存することが多く、愛国社に参加した結社の多くは旧藩士族の結合をもとにしたものであった。しかし、平民を中心とした石陽社・三師社と自郷社の参加は、愛国社という場で、旧来の身分秩序をこえた結合が現実のものとなったことを意味するのである。

愛国社第三回大会は、杉田・河野の二人と、福岡正倫社の代表・平岡浩太郎をリーダーとする九州派が、立志社中心の愛国社運営を批判する構図となった。この対立の焦点となったのは、国会開設願望書を天皇に提出するという立志社の提案であった。いったいこの願望書を誰が主体となって提出するのか、が問題となったのである。

立志社の提案をうけて、福岡正倫社の平岡浩太郎は、この願望書は愛国社が提出するのか、それとも、愛国社以外に、「広く天下の有志」を募って提出するのか、と質問した。愛国社のみで提出する、という立志社代表の説明に対し、平岡は愛国社以外の賛同者を募るべきであると主張し、杉田定一も、愛国社のみに限定しては、結社に所属しない単独の賛同者は失望するであろうとして、立志社の態度を批判した。結局、両者の協議の結果、各地方で一〇名以上の組織が一〇組以上賛同する見込みがあれば、愛国社員以外も参加して願望書を提出すること、もしそれを下回るようであれば愛国社単独で願望書を提出することに決まった。

国会期成同盟第一回大会

この決定にもとづき、愛国社は「国会開設の願望致すに付四方の衆人に告ぐるの書」を発表し、全国遊説に着手した。翌一八八〇(明治一三)年二月二〇日、愛国社は、各地方で一〇名以上の賛同組織が一〇組以上となったことを発表した。愛国社単独ではなく、広く賛同者を集め国会開設を天皇に求めることになったのである。

こうして開催されたのが、一八八〇年三月の国会期成同盟第一回大会である。愛国社に非加入の結社をふくめ、七一名が集まった。なお、愛国社第四回大会は国会期成同盟の大会とは別に、並行しておなじ大阪で開催されている。

国会期成同盟大会の目的は、もちろん国会開設願望書の起草であった。大会で議論となったのは、その願望書の文体である。当初の提案では、願望書の文体は「哀訴体」を用いることとなっていた。哀訴体とは、天皇に対して、国会開設を嘆願する形式をとる、ということである。ところがこれに批判が出た。哀訴体などという形式は「卑屈」であるというのである。採決の結果、哀訴体の採用が決まったが、願望書案の起案にあたっては長野県の松沢求策と福岡県・中津の永田《ながた》一二《かずじ》がそれぞれ原案を提出した。松沢の原案は哀訴体であったが、永田の原案はそれとは異なる「請願体」であった。そして、結果的に採用されたのは永田の請願体のほうであった。

哀訴体が天皇の慈悲にすがって国会開設を嘆願するものであるのに対し、請願体は日本国民の当然の権利として国会開設を要求するものである。この両者の違いは非常に大きい。哀訴体であれば、国会を開設するのは、嘆願を受け入れる天皇と、その命令を受ける政府である、ということになる。国会を開設する、しないを決める主導権は願望書を受け取る天皇と政府の側にあることになる。一方、請願体の願望書では、国会を開設することは、改めて天皇や政府に認めてもらう必要のない当然の権利である。したがって、国会開設の主導権は、その権利の実現を要求している願望書の提出者の側にある。

一八七四(明治七)年の板垣らの民撰議院設立建白書が、あくまで、下から上へ意見を申し上げる、という政府が定めた建白制度の枠内で提出されたのに対し、請願体の願望書は、もはや建白ではない。それは、当然の権利としての国会開設要求の表明であって、国会開設の可否の判断を政府に委ねてはいない。請願体によって書かれた願望書は、いわば政府の定めた法の外にある文書であった。

このことは、国会期成同盟の性格に影響をあたえる。この大会で決定された国会期成同盟の規約では、国会開設の願望書を天皇に提出したのちも、国会開設が実現するまでは組織を維持すること、もし天皇が国会開設を認めたときは、憲法制定会議の議員の選出方法について政府に建言や要求をおこなうこと、また国会開設が認められないか、願望書提出後二か月を経てもなんらの回答もない場合は、一一月一〇日から「大集会」を東京で開き、今後の方針を議論すること、などが定められていた。

この一一月一〇日に開かれる予定の「大集会」の性格をめぐっては、大会での審議で、これを「私立国会」と明示する提案があったことが注目される。国会期成同盟は、単に政府に国会の開設を働きかける運動体ではない。国民の権利として、国会は当然開設されなくてはならない。国会の開設を主導するのは政府ではなく、その権利を主張している国民である。だから、仮に政府が国会開設を決めたとしても、その具体的な方法については、国民を代表して国会開設を主張している国会期成同盟が意見を述べなくてはならない。そして、もし政府が国会の開設をおこなわない場合、国会期成同盟は、そのまま私立国会となる。

これ以降、この「私立国会論」は、国会期成同盟をリードする愛国社の基本方針となる。それは、ポスト身分制社会を、自分たちの手でつくり上げようとした愛国社の運動の帰結であった。失われてしまった旧藩の結合にかわる結びつきを求めてはじまった愛国社系の結社の運動は、全国民を代表する国会を、自分たちの手でつくり上げることを主張するところまで到達したのである。

一方、国会期成同盟が私立国会となるためには、何らかの基準でそれが国民の多数の意志を反映している必要がある。それぞれの地域における多数の形成が課題となる。

集会条例

くりかえし述べてきたように、憲法の制定と国会の開設という目標は、政府においても民権派においても共有されていた。一八七五(明治八)年の大阪会議で実際そうなったように、板垣や後藤がその構想を掲げ政府に復帰することはありえたのである。立志社の民権運動は当初はあくまで、政治権力に「わりこむ運動」であった。民撰議院設立建白書の提出によって、板垣・後藤らが反政府勢力となり、政府の厳しい弾圧にさらされた、という見方は妥当ではない。ところが、西南戦争後、立志社が政府に「わりこむ」余地は失われた。そうした状況下で愛国社が掲げた方針が私立国会論であった。それは、政府ではなく自分たちこそが国会開設の主体となることを訴えるものであった。これによって、政府と民権派は妥協できない対立関係に入る。いつか国会を開設しなくてはならない、という政治構想の中身ではなく、「誰が」それをおこなうのか、ということが争点となるからである。

政治構想の中身が争われるのであればそこには話し合いの余地もあり、またその時期が争われるのだとすればそこにも妥協の可能性はあろう。実際、大阪会議で大久保・木戸・板垣の三者のあいだでおこなわれたのはそうした妥協であった。しかし、中身ではなく誰がそれをおこなうのか、が主要な争点ということになれば妥協の余地は狭まる。現在権力を握っている政府首脳からすれば、民権派の主張を受け入れることは自分たちの主導権を放棄することになる。一方、民権派は政府の手による国会開設を認めてしまえば、自分たちの存在意義が失われる。政府と民権派の対立は激しさを増し、政府は法によって民権派の弾圧を本格化させる。

国会期成同盟第一回大会の最中の、一八八〇(明治一三)年四月五日、政府は「集会条例」を発布した。これによって、「政治に関する事項を講談論議」するための集会については、事項、講談・論議する者の姓名、会場等を事前に届け出ることが義務づけられた。盛り上がる演説会の規制である。また、政治的活動を目的とする結社については「政社」として、府県庁に届け出て認可を得ることが必要とされた。そして、軍人・教員・生徒は集会・政社への参加を禁止され、政社がほかの政社と連合したり連絡をとりあって運動したりすることも禁止された。

これは、結社連合として成長してきた愛国社に対する真正面からの攻撃である。そして、発布の四日後の四月九日、開催中の国会期成同盟大会は、さっそく集会条例にもとづいて解散の命令を受けてしまうのである。

議事をほぼ終了していた期成同盟大会に大きな影響はなかったが、愛国社のほうは今後の組織をどのようにするのか、対応を迫られることになった。四月一五日、愛国社は大阪府に政社としての結社届を出し、規則を改定し、結社単位の参加形態から個人単位の参加形態へと組織を変更した。これにともなって、愛国社傘下の各結社の参加者は、個人として愛国社員となるか、各地の結社のメンバーとなるかを選択することになる。しかし、九月九日、愛国社の結社届は不認可となり、愛国社は消滅を余儀なくされた。

なお、各地の結社も、集会条例に対して結社届を出し、規制の枠内で活動するか、活動を断念し解散するか、結社の組織や運動の形態を変えて実質的な存続をはかるか、のいずれかの対応をとることになった。

国会開設願望書の受付拒否

さて、国会期成同盟の大会で決議された願望書には、全国の七二名が名前を連ねた。彼らがそれぞれに地元で集めた署名の総数は約九万五〇〇〇筆とされている。総代には片岡健吉と河野広中が選ばれた。

一八八〇(明治一三)年四月一七日、片岡・河野は太政官を訪れ、太政大臣三条実美に面会を求めた。対応にあたった書記官は、太政官ではなく元老院への提出を指示した。規則上、建白書の受付機関は元老院となっていたからである。しかし、片岡・河野は、「この願望書は建白書ではなく、国会を開設する許可を天皇に願望するものなので、太政大臣が受け取って天皇に伝達すべきである」として抵抗した。

片岡・河野が、この願望書を建白書として提出するのを拒否したことは、願望書の文体として哀訴体を退け、国会が開設されない場合の「私立国会」開催を視野に入れた国会期成同盟の運動方針のあらわれであった。この文書を「建白書」として、政府の定めたルールにもとづき提出することは、国会開設の可否を決する権限が政府にあることを認めることになる。国会期成同盟はそれを拒否し、国会の開設は日本国民の当然の権利であるとして、天皇にそれを認めるよう迫っているのである。

太政官での受付を拒否された片岡・河野は、四月一九日、元老院に出頭して願望書を提出した。その後元老院から回答がないため、同月二四日、二人は再度元老院を訪問して回答を求めた。対応にあたった元老院の書記官は、建白書に回答をすることはないと答えた。片岡・河野は、当然、願望書は建白書ではない、と主張して元老院に回答を迫った。数度のやりとりの末、五月八日、元老院は建白書でない以上受付はできないとして願望書を返却した。五月一〇日、片岡・河野はふたたび太政官に出願するが太政官は受付を拒否した。

片岡健吉．高知市立自由民権記念館蔵

以上が願望書受付拒否の経緯である。片岡・河野は願望書を、通常の政策提案である建白書の形式では提出しないという方針を貫いたのである。

「私立国会」か請願か

政府が願望書の受付を拒否した以上、国会期成同盟大会の方針に従えば、運動の局面は私立国会の開設に移るはずであった。しかし、ここで期成同盟参加者のあいだに足並みの乱れがおきる。

国会期成同盟大会で願望書は哀訴体をとるべきであると主張した長野の松沢求策をはじめとし、新潟の山際七司《やまぎわしちし》、茨城の野手一郎《のでいちろう》、山梨の依田孝《よだたかし》ら、非愛国社系の活動家たちは、国会期成同盟の願望書とは別に、それぞれの地方で個別の請願書の提出運動を展開した。これらも建白書ではなく請願書であるという論理を貫いたから、政府ではこれを受け取らなかったが、右大臣岩倉具視がみずから松沢ら長野の代表者に面会するなど、政府の対応は期成同盟の統一請願に比べれば好意的であった。それは、各地方の有志が個別に請願するという方法は、全国を統治する政府に国会開設の主導権を認めているからである。こうした方法は、全国の代表者が一致して国会開設を請願するという愛国社の路線とは異なり、私立国会論には結びつかない。

こうした個別請願に対して愛国社系の活動家は批判的であった。愛国社の機関誌で、植木枝盛が中心となって編集していた『愛国志林』に、一八八〇(明治一三)年七月二四日に掲載された論説「各地の国会希望者に就て論す」は、個別の提出が不可である理由を次のように説明している。国会を開設するよう求める請願は、すでに国会を開設するという行為の一部である。そうである以上、国会開設請願は全国民が一致しておこなわなくてはならない。

国会開設請願が国会開設という行為の一部であるというのは、さきに見たとおり国会期成同盟大会が哀訴体請願書を退けたことの結果である。国会期成同盟の願望書は、国会開設の権利を持つ国民が、その権利の行使を宣言した文書なのであり、したがってそれ自体が国会開設の着手であると位置づけられる。こうした立場からは、政府が願望書の受付を拒否したからといって、個別の請願をおこなうことは許されない。すでに国会開設への第一歩は踏み出されてしまったのであり、後戻りはできないのである。

あとに残されている方法は私立国会の開設のみである。一八八〇年八月一四日、『愛国志林』の後継雑誌『愛国新誌』に、高知の活動家坂本南海男《さかもとなみお》が発表した論説「吾人国会請願者は今後何等の手段を為すべき乎」では、「各地各個」の請願は中止し、天下の公衆と協議し、全国人民の過半数を組織して私立国会を設立すべきである、と主張されている。

再請願の否定と私立国会論。これが、願望書受付拒否後の愛国社系活動家の路線であった。なお、この点とかかわって、こうした方針のもとでは、憲法の内容や憲法の起草といった課題は、国会の開設より優先順位が低くなることに注意しよう。一八八〇年一〇月二三日に『愛国新誌』に掲載された論説「憲法を立つることを先にせん乎、国会を開くことを先にせん乎」では、憲法を制定するためには国会で議論をしなくてはならないのだから、国会の開設が憲法に先立たなくてはならないと述べられている。何よりもまず国会の開設が重要なのである。

二つの対立軸

一八八〇(明治一三)年一一月、国会期成同盟第二回大会が開かれた。この大会の対立軸は二つあった。一つは私立国会をめぐる対立であり、もう一つは政党結成をめぐる対立である。

まず、私立国会をめぐる対立についてみよう。愛国社系活動家は、再度の国会開設請願はおこなわないこと、私立国会に向かって歩を進めることを方針としてこの大会に臨んだ。彼らにとって、この大会は、第一回大会で決定された同盟規約第一〇条にもとづく「大集会」であり、私立国会の第一歩となるべき会合であった。

一方、愛国社系に批判的な筑前共愛会は事前に多数派工作をおこなっていた。大会直前の九月、九州各社は「九州親睦会」を開き、「土佐人」が私立国会を開いたとしても九州各社は参加しない方針を決定した。また、京都の沢辺正修《さわべせいしゅう》、群馬の新井毫、山梨の小田切謙明《おだぎりけんめい》らは、筑前共愛会と連携して愛国社系に対抗しようとした。

私立国会をめぐる愛国社系・非愛国社系の対立は、まず、この大会の性格についての対立となってあらわれた。

非愛国社系の小田切謙明は、この大会は国会期成同盟の大会ではないと主張し、福岡の香月《かつき》恕経《ゆきつね》も、国会期成同盟は集会条例によって消滅したので、この大会はそれとは別のもの、と発言した。これに対して愛国社系の林包明《はやしかねあき》(高知)は、期成同盟は存続しており、この会合は同盟規約第一〇条に規定された一一月の会議に相当すると主張した。結局、本会議とは別に「懇談会」が開かれ、さしあたって、この会合に限り「大日本有志大会」と称することが決定した。この点に関しては非愛国社系の主張が通り、私立国会からは一歩退いた形での会合となったのである。

次に、国会開設請願を再度おこなうかどうかが議論された。愛国社系の杉田定一は、自分たちの国会論の主張は「天地の公道」にもとづくもので、政府に向かって請願をおこなう必要はない。請願をおこなおうとするのは卑屈な態度であると主張した。これに対して非愛国社系の松沢求策は、請願には効果があり、実際政府内で元老院が憲法の起草作業に着手しているのは請願運動という外部からの刺激があったからだ、と反論した。

多数決の結果、再請願論は否決された。再請願をおこなわないということは、もはや政府には何も期待せず、私立国会への道を歩むということである。結果的に、愛国社系の主張が多数を制したのである。

政党結成をめぐる対立

次に第二の対立点、政党の結成をめぐる対立をみよう。

国会期成同盟は国会の開設という単一の目的を追求する集団である。すでに述べたように愛国社系活動家にとって重要なのは国会を設立することそれ自体であり、どのような国家をつくるのかという具体的な国家構想は二の次であった。政党結成論はここに踏み込み、主義のはっきりした組織を立ち上げることを目指すものである。

政党結成を目指すグループは、国会期成同盟の大会前から「自由党懇親会」と称する会合を重ねており、大会会期中の一一月一一日にも懇親会を開いている。この自由党懇親会に参加したのは、松沢求策らのグループ（のちに『東洋自由新聞』を発行するグループ）、筑前共愛会グループ、一部の愛国社系活動家グループ、そして沼間守一をはじめとする嚶鳴社員である。

政党結成に関しては愛国社系の活動家の間で意見は分かれていた。大会の席上、河野広中や杉田定一らは国会期成同盟を政党に転化させることを主張していた。しかし論理的に考えれば、国会期成同盟は私立国会に転化させることが愛国社系の方針であるのだから、国会期成同盟と政党の結成とはさしあたり別の問題ということになる。同じ愛国社系でも高知の黒岩保教は、主義の如何を論ぜず、国会期成という目標だけを趣旨とするべきである、主義を定めて参加者を限定するような方針をとるべきではないと主張し、岩手の鈴木《すずき》舎定《しゃてい》は、政党組織自体は否定しないが、それは国会期成同盟とは別におこなうべきだ、と論じた。

一方、非愛国社系のなかにも複数の意見があった。筑前共愛会は当初「自由党懇親会」に参加しており、政党結成に積極的であったが、政党を結成し主義をはっきりさせることは、組織に分裂をもたらすという批判に直面して消極論に転じた。これに対し再請願論に立ち、私立国会論に批判的であった松沢求策は政党結成に積極的であった。これも論理的に考えれば、私立国会論にこだわらず請願運動を進めるべきと主張する松沢が、国会期成同盟を政党化しようとするのは筋が通っている。

草間時福．出典『日本演説大家集 初篇』

非愛国社系のなかで政党結成の立場をもっとも鮮明に打ち出したのは草間《くさま》時福《ときよし》であった。草間は嚶鳴社員であり、事実上嚶鳴社の代表としてこの大会に参加していた。

草間の主張は、国会ができればどのような国会でもよいのか、という点にある。国会を創設するにしてもどのような国会をつくるのか、その「主義」を問うことは必要ではないか。「自由」を主義とした国会の開設を追求するべきではないのか。もし国会が開設されればよいというならば、政府が一片の法令で国会を開設してしまったらどうするのか。これが草間の問いであった。

草間の問題提起は鋭いものであった。愛国社系の私立国会論は、政府は国会の開設をみずから行うことはない、という判断にもとづいていた。草間はこの点をついた。政府に対抗するためには私立国会論だけでは不十分で、どのような国会をつくるのかという国家構想、さらにいえば憲法構想を明確に持つべきだ、という主張である。

しかし、この草間の主張は聞き入れられなかった。大会では、盟約は国会期成にとどまること、「自由党」は別に立てること、が決定された。つまり、国会期成同盟自体は政党とはせず、政党の結成は別に進めるという方針がとられたのである。

そして期成同盟自体は私立国会としての性格を強める。この大会で改めて議決された「国会期成同盟合議書」では、翌年一〇月一日に東京で会議を開くこと、その会議には各地域の戸数の過半数を組織して参加すること、会議には各組織が憲法案を持参することが記されている。各地域の過半数を組織したそれぞれの組織が憲法案を持参する翌年一〇月の会議は、いわば憲法制定会議の色彩を強く持つことになるはずである。

しかし、草間時福が指摘したように、この主張は、政府はみずから国会の開設はおこなわないという見通しにもとづくものである。筑前共愛会と行動を共にしていた非愛国社系の活動家である京都の沢辺正修は、この大会で憲法構想が議題とならなかったことを不満とし、もし政府が憲法を制定して国会を開設してしまったならば、それから憲法案をつくっても遅い、と訴えた。

沢辺や草間は、政府内で、元老院が中心となって憲法案の起草が進められていることを強く意識していた。元老院の憲法案は、本来政府内の文書で、外部に流出するはずのないものであるが、沢辺は実はこの憲法案を入手しており、国会期成同盟第二回大会の参加者には広く流布していたもののようである。

沢辺正修．同志社大学小室・沢辺紀念文庫蔵

それにもかかわらず、沢辺の疑問に、杉田定一は「本員は巨大の印を捺し、明治政府の来年十月迄国会を開設せざるを保せん」、つまり、政府が来年の一〇月までに国会の開設に踏み切らないということについては、自分が太鼓判を押して保証できる、と答えた。もし、政府が国会を開設してしまったら。この仮定は、まさに翌年一

〇月、「明治一四年の政変」によって現実化することになるのである。

政党結成へ

さて、国会期成同盟第二回大会で、別におこなうとされた政党結成は、その後どうなったのであろうか。

政党結成に向けた動きは、当初二つのグループによって進められた。河野広中ら愛国社系活動家のうち政党結成に積極的であったグループと、新潟の山際七司ら非愛国社系のグループである。

国会期成同盟大会の閉幕を目前に控えた一八八〇(明治一三)年一一月二六日、愛国社系グループは会合をもち、政党結成に向けた議論をおこなった。期成同盟大会の閉会後も集会を重ね、一二月一一日には「自由改進党盟約」の原案を作成している。

一方、山際七司を中心とするグループの中心的課題は新聞を発行することであった。一一月三〇日、一二月五日と会合を重ね、新聞発行・政党組織について方針を立てたうえで、一二月七日に愛国社系グループに提携を申し入れた。

両グループは一二月一五日に合同の会合をもち、「自由党結成盟約」「自由党申合規則」を議決した。この段階では政党組織ができたわけではないので、この組織のことを現在の研究者は「自由党準備会」と呼んでいる。

この会合に参加したのは、愛国社系グループ、山際グループと、沼間守一ら嚶鳴社員たちである。山際グループは当初の計画どおり、翌一八八一(明治一四)年三月『東洋自由新聞』の発行を開始した。一方、嚶鳴社グループは当初、自由党結成準備の中心的役割を担うことが期待されていたが、やがて自由党結成の動きからは離れてゆく。『東京横浜毎日新聞』の発行を活動の柱とする嚶鳴社にとって、山際グループが政党機関紙として『東洋自由新聞』を構想していることが障碍となったようだ。

以上のような政党結成準備と並行して、国会期成同盟は一八八一年一〇月の大会に向けて活動を続けていた。

しかし、一〇月の大会を、当初の予定どおり私立国会として開催する力量は、国会期成同盟にはなかった。八一年九月段階での期成同盟本部の運動方針は、まず一〇月大会で各地から持ちよった憲法草案を取捨選択して憲法案をつくり、その後「憲法議会」を開いて憲法を制定、これを天皇に提出して憲法制定を発布する、という見通しをもっていた。一〇月大会がそのまま「憲法議会」、すなわち私立国会となることは不可能という判断である。

一八八一(明治一四)年一〇月一日、国会期成同盟第三回大会が開かれた。大会は、開会直後の一〇月二日、国会期成同盟を「拡張」し、政党結成に目的を切り替えることを決議する。ただちに「自由党」の組織案の検討が開始される。そしてその最中の一〇月一二日、参加者は、政府による明治二三年をもって国会を開設するという方針の表明、すなわち「国会開設の勅諭」を聞くことになるのである。

本来、一〇月の国会期成同盟第三回大会は「私立国会」として予定されており、自由党結成大会とは別のものであった。国会期成同盟本部が各地へ送っていた「本部報」の記事からは、九月までには自由党の結成大会を開き、その後一〇月に国会期成同盟大会を開く予定であったことがわかる。ところが九月の自由党結成大会は延期され、そのまま国会期成同盟第三回大会と一体化してしまったのである。

第三回大会が開会するやいなや政党結成の会合に変化してしまったのは、おそらく、それが「私立国会」としての条件を満たすことができなかったからである。それは、前年の国会期成同盟第二回大会の「国会期成同盟合議書」に定められた「過半数」が確保できなかったのであろう。九月の期成同盟本部の方針に示されているように、私立国会は、次の会議へと先送りされるほかなかったのである。さらに国会開設の勅諭が発せられたことによって、前年大会での、政府が国会を開設したらどうなるのか、という草間時福の問いかけが現実化してしまった。結局、自由党創立大会へと切り替えられた国会期成同盟第三回大会において、各地でつくられた憲法案が審議されることはなかった。「私立国会」は、過半数を組織することができないうちに政府に先手をとられ、実現することなく霧消した。

私擬憲法

さて、一八八〇(明治一三)年一一月の国会期成同盟第二回大会では、翌年の大会で各地の結社が憲法案を持ちよると決定されたことはすでに述べた。これにもとづき、愛国社系結社を含め、憲法案づくりが、政党結成へ向けた動きと並行してすすめられる。

この時期に民間で作成された憲法案を総称して「私擬憲法」と呼ぶ。国会期成同盟第二回大会以前の時期に憲法案作成に熱心であったのは非愛国社系の結社であった。すでに述べたように、愛国社系勢力は憲法案作成よりも私立国会に重点を置いていたためである。

たとえば都市知識人の結社である嚶鳴社は、国会期成同盟第二回大会以前の時期に憲法案を作成している(大会後にこれを修正して第二次案を作成)。嚶鳴社案では、日本国の君主は「皇帝」と称せられており、女帝の可能性も認められている。立法権は皇帝と上下両院からなる国会に属し、上院の議員は、皇族、華族、国家に功労ある者、官僚、地方官、下院議員当選三回以上の者から皇帝が任命する。下院議員は選挙によって選ばれる。選挙権は法律によって定められた財産を所有する者に与えられる。行政府である内閣は、「議院の信を失する時はその職を辞すべし」とされており、議院内閣制をとる。また、法の下の平等、財産権、結社・集会・演説・出版の自由など人権保障の規定が掲げられている。

愛国社に参加した結社のなかでは、土佐派と対抗関係にあった筑前共愛会が、一八八〇(明治一三)年二月ごろに憲法案を作成している。共愛会案でも君主は「皇帝」で、女性の帝位継承も想定されている。また、帝位の継承に国会の関与が規定されている点に特徴があり、皇太子が決定した際には皇太子は国会で皇帝への忠誠と憲法・法律の遵守を誓約することや、皇太子未定の場合は国会が帝位継承者を決定することなどが定められている。国会は「元老議院」と「民撰議院」の二院からなり、元老議院議員は皇族、華族、大学教員、国家に功労ある者、有識者のなかから皇帝が任命し、民撰議院議員は復選法の選挙によって選ばれる。行政を担う太政大臣・各省長官は皇帝の指揮を受けるが、皇帝と大臣の意見が相違した場合は、大臣は職を辞したうえで国会の判断を仰ぐことが可能で、国会が大臣の意見に同意した場合は大臣は復職する。

非愛国社系勢力が国会期成同盟第二回大会前後に構想していた憲法制定手続きは、京都の沢辺正修が一八八〇年一一月に政府に提出した「国約憲法制定懇願書」に示されている。それは、天皇が全国の代議員を招集し、政府の元老院が立案した憲法議案を審議させ、あわせてひろく全国から憲法についての意見を募る、というものである。つまり、政府案と民間の案を天皇が招集した会議で審議するというプランで、政府ではなく自分たちが憲法制定の主体となるという愛国社系の私立国会論と対立するものである。国会期成同盟第二回大会以前に筑前共愛会などが作成した憲法案は、このような憲法制定手続きを念頭においたものであった。

一方、国会期成同盟第二回大会後の愛国社系勢力の憲法案は、いずれも翌年の国会期成同盟大会、つまり私立国会に向けて作成されたものである。

植木枝盛の憲法案

こうした憲法案の代表的なものが一八八一(明治一四)年八月以降に起草されたとみられる植木枝盛の憲法案である。植木案も君主を「皇帝」と呼び、女帝の可能性を排除していない。国会は一院制である。植木案の特徴は三五条におよぶ詳細な人権規定にあり、そのなかには「政府威力を以て擅恣暴虐《せんしぼうぎゃく》を逞《たくまし》ふするときは日本人民は兵器を以て之に抗するを得」というい わゆる「抵抗権」の規定を含んでいる。また、「武蔵州」「大和州」など旧国単位の連邦制をとる点もこの案の特徴である。「私立国会」によって新しい政治体制を樹立しようとしている愛国社系の論客・植木らしい急進的な憲法案である。ただし皇帝の権限は嚶鳴社案などに比べ大きい。

植木枝盛．出典『植木枝盛集』．植木茂郷氏蔵

植木個人の案とは別に、一八八一(明治一四)年九月ごろ、立志社も憲法案を作成している。君主は「帝王」と称されているが、立志社案では女帝は排除されている。国会は一院制である。立志社案も人権規定は詳細で、植木案よりは穏健ながら「国民は非法不正に抗するの権理を有す」という抵抗権の規定を持つ。

国会期成同盟本部から各地に送付された「本部報」には嚶鳴社案(この憲法案はさきにふれた嚶鳴社第一次憲法案を修正した第二次案である)が掲載されており、各地の憲法起草にあたって参照されていたが、愛国社系勢力は二院制をとる嚶鳴社案に批判的であった。また、七月の時点で期成同盟本部は、憲法起草は要領にとどめ、細部にわたらないように注意を促している。その理由は、憲法を審議する会議には嚶鳴社や国友会(慶應義塾出身の馬場辰猪らが設立した知識人結社)の「親玉株」が参加するので、そこで彼らに揚げ足を取られないようにするためだ、と記されている。「親玉株」として念頭に置かれているのは嚶鳴社の沼間守一であろう。愛国社系勢力が嚶鳴社を意識し、嚶鳴社を率いる沼間に主導権を握られるのを強く警戒していることがうかがえる。

この時期の案としては、いわゆる「五日市憲法」がある。これは、当時神奈川県に属していた西多摩郡五日市町(現在の東京都あきる野市)の結社「五日市学芸講談会」で、仙台出身で士族の学校教師、千葉卓三郎が中心となって作成された憲法案である。一九六八年、学芸講談会の中心メンバーであった深沢権八の子孫の家の土蔵から発見された。

この憲法案の起草にさきだって、一八八〇(明治一三)年一一月、深沢権八は、同じく講談会のメンバーであった県会議員土屋勘兵衛を通じて嚶鳴社憲法案の入手を試み、実際に手に入れている。深沢らの動きは、国会期成同盟第二回大会で参加者のあいだに嚶鳴社案が流布し、各地の活動家に知られたこと、そして同大会が憲法案作成を決定したことが呼び水となったとみられる。

一八八一年中に成立したと考えられる「五日市憲法」は、嚶鳴社憲法案を参考にしたと考えられる条文が多い。この案の特徴は全二〇四条という条文の多さであり、人権規定は詳細である。国会は民撰議院と元老議院の二院制で、議院内閣制をとる。嚶鳴社案を骨格とし、千葉卓三郎らの学芸講習会での研究の成果が盛り込まれたものであろう。

大日本帝国憲法との相違点

これら各種の私擬憲法に関しては、民権運動研究者のあいだでは、たとえば家永三郎氏が「今日の日本国憲法とはなはだ接近した構想を示すばかりでなく、局部的には日本国憲法よりもいっそう民主的なアイデアをふくんでいる」と述べているように、その民主主義的性格を強調し、のちに政府の手によって実際に制定された大日本帝国憲法との差異が強調されることが多い。

これに対して、私擬憲法と大日本帝国憲法が大枠では共通した内容をもつことを強調する見解もある。政治史研究者の鳥海靖氏は、私擬憲法に共通する特徴として、第一に、すべての私擬憲法案は立憲君主制を採用し、共和制憲法案は一つもないこと、またいずれの憲法案でも行政権、統帥権が君主の権限とされていること、第二に、国民の権利と自由についてはいずれの憲法案にも規定があること、第三に民撰の議会構想を持つこと、の三点を挙げている。そして、この三つの共通点は大日本帝国憲法にもあてはまり、憲法構想は政府と民間で一致していたと述べている。

確かに、憲法を制定しなければならないこと、そして選挙によって選ばれた議員から構成される議会をつくらなければならないこと、という大枠が政府と民権派の双方に共有されていたことは、本書でもたびたび述べてきたとおりである。しかし、憲法案の中身に立ち入ってみればやはり、大日本帝国憲法と私擬憲法案のあいだに大きな差異があることは無視できない。たとえば、民権派に広く参照された嚶鳴社案は議院内閣制を明示している。大日本帝国憲法が議院内閣制をとらず、その結果議会の多数党と内閣の関係が、戦前期の日本で最大の政治的争点の一つとなったことを考えるならば、その違いは大きい。また、「皇帝」「国帝」などさまざまな称号で呼ばれる君主の地位については、女帝の存在や国会の帝位継承への関与など、大日本帝国憲法や日本国憲法にない発想を含むことにも注意すべきだろう。天皇のあり方についての議論の幅は、のちの時代に比べずっと広かったのである。

宙に浮く私立国会と私擬憲法

こうして各地でつくられた憲法案が陽の目をみることはなかった。すでにみたように、国会期成同盟第三回大会は自由党結成大会に転じ、憲法案の審議はおこなわれなかったからである。

愛国社系勢力は、一八八〇（明治一三）年以降、私立国会論を正面に掲げ、非愛国社系勢力の憂慮や反対を押し切って運動を指導した。しかし、私立国会が、日本国民の代表としての正統性をもつためには、期成同盟に結集する勢力が何らかの形で国民の「過半数」を組織しているという証明が必要だった。確かに国会開設願望書は九万五〇〇〇筆以上の署名を集めたが、それが国民の過半数でないことは明らかである。

一八八〇年三月の国会期成同盟第一回大会は一〇月の大会を私立国会と位置づけていた。そしてその一〇月の国会期成同盟第二回大会は翌八一（明治一四）年一〇月の大会を私立国会と位置づけた。愛国社系勢力は私立国会を実際に開催できる実力がないがゆえに、私立国会の先延ばしを続けざるをえなかった。そして結局、一八八一年一〇月の「国会開設の勅諭」によって政府に先手を取られ、「自分たちの手で国会を」という運動目標は宙に浮いたまま新たに結成された自由党の手に渡されることになる。

第四章
与えられた舞台

西　暦	出　来　事
1878(明治11)	6月　土佐州会設立
	7月22日　地方三新法発布
1881(明治14)	7月26日　『東京横浜毎日新聞』，開拓使官有物払下げ事件の攻撃開始
	10月2日　国会期成同盟第三回大会，自由党結成大会に方針変更
	10月12日　国会開設の勅諭
	10月29日　自由党役員決定
1882(明治15)	3月16日　会津地方六郡連合会，三方道路建設予算を可決
	4月16日　立憲改進党結成
	5月10日　福島県会，予算議案毎号否決
	8月1日　福島無名館で政府転覆の盟約書
	9月10日　『東京横浜毎日新聞』，板垣外遊をめぐる疑惑の報道を開始
	11月11日　板垣・後藤，洋行に出発
	11月28日　喜多方事件起こる
	12月1日　河野広中ら逮捕(福島事件)
1883(明治16)	4月23日　自由党大会，偽党撲滅方針決定

一　転機としての明治一四年

明治一四年の政変

一八八一（明治一四）年一〇月一二日、政府は、明治二三（一八九〇）年に国会を開設することを天皇の名によって発表した。いわゆる国会開設の勅諭である。一方、同じ日、参議大隈重信は辞表を提出し、それに続いて大隈に近いと見られた農商務卿河野敏鎌《こうのとがま》、駅逓《えきてい》総監前島密、統計院幹事矢野文雄、会計検査院一等検査官小野梓《おのあずさ》、統計院権少書記官犬養毅、同尾崎行雄らが相次いで罷免された。いわゆる「明治一四年の政変」である。

政府の側が国会開設を宣言したことで、政府は国会を開設しないという前提で私立国会の設立を目指していた愛国社・国会期成同盟系の自由民権運動は大きな転機を迎えることになる。また、小野梓や河野敏鎌のような、都市知識人結社につながる官僚たちが政府を追放されたことは、都市知識人結社の運動にも一大転機をもたらした。政変によって、自由民権運動は新しい局面に入ったのである。

政府内の憲法構想

明治一四年の政変の原因は、政府内での憲法構想をめぐる対立にあった。政変以前、政府を主導していたのは、大隈重信・伊藤博文・井上馨の三人の参議だったが、この三人のあいだには憲法制定、国会開設の必要性についてはおおむね意見の一致があった。

この時期の状況をよく示しているのが、井上馨が福沢諭吉に、政府御用新聞を発行させようとしていたことである。一八八〇(明治一三)年一二月、井上馨は福沢諭吉に対し、政府系新聞の発行を打診した。翌一八八一(明治一四)年一月に井上を福沢が訪問した際、井上は、政府は国会を開設する方針であること、もし自分たちが国会の選挙で負けるようなことがあった場合は、国会の多数党に政権を譲る意思であることを表明したのである。この方針は大隈・伊藤・井上に共有されていると井上は福沢に説明した。

ところがこの後、大隈・伊藤・井上の三者協調が崩れる。政府内では、一八七九(明治一二)年一二月に、各参議が順次、憲法制定の方針について、意見書を提出することが始まっていた。大隈重信の意見書は提出が遅れ、一八八一年三月にようやく大隈は左大臣有栖川宮熾仁《ありすがわのみやたるひと》親王に意見書を提出した。その内容は、一八八一年末から八二(明治一五)年初めにかけて憲法を制定し、一八八三(明治一六)年初頭には国会を開設、議院内閣制を採用するというものであり、ほかの参議にくらべて急進的な憲法構想であった。

大隈のブレーンには小野梓がいた。小野は、都市知識人結社の「共存同衆」の設立にかかわった官僚である。小野は一八八一年三月一八日に「今政十宜《こんせいじゅうぎ》」と題した意見書を大隈に送っている。このなかで小野は、政府は同一の主義を有する人びとのみによって組織されるべきであると主張している。これは議院内閣制を目指すものといってよい。

大隈の意見書は他の参議には提示されず、太政大臣三条実美、左大臣有栖川宮熾仁、右大臣岩倉具視の三大臣限りのものとして秘密にされた。伊藤博文が岩倉からこの意見書を見せられたのは六月二七日になってからである。伊藤は大隈の意見書の内容を知り、大隈に強い不信感を抱いた。伊藤と大隈のあいだには憲法制定・国会開設についての緩やかな合意はあったものの、大隈意見書のような短期間での国会開設を伊藤は考えていなかった。そのうえ、大隈が伊藤や井上馨に相談することなく、単独でこうした意見を上申したことは伊藤の不信感を強めた。

小野梓．早稲田大学図書館提供

ここで重要人物として登場してくるのが、太政官大書

井上毅. 出典『明治十二年明治天皇御下命「人物写真帖」』. 宮内庁三の丸尚蔵館蔵

記官の井上毅《いのうえこわし》である。井上毅は、一八八一年六月、右大臣岩倉具視に憲法制定手続きについて政策提案をおこない、ついで伊藤に対しても意見書を送った。七月一二日の伊藤宛て意見書のなかで、井上毅は、自由民権派は現在憲法の起草に専念しているが、民権派の憲法のモデルとなっているのは「福沢の私擬《しぎ》憲法」(交詢社憲法案)であると主張している。そして、交詢社案のような、イギリス流の議院内閣制の憲法ではなく、政府が主導して、プロイセン流の君主権の強い憲法を制定すべきである、と井上は述べている。

井上の描いた構図は、政府に対抗する民権派の中心に福沢を置くもので、いわば福沢諭吉を仮想敵とするものである。こうした理解は、客観的な情勢判断として正しいものではない。私擬憲法起草に向けて動いていた愛国社・国会期成同盟系結社は、たしかに交詢社憲法案や嚶鳴社憲法案を参考にはしていた。しかし、前章で見たとおり、彼らはそうした都市知識人結社と良好な関係にあったわけではない。

ただ、井上が描いて見せた構図からは、福沢に象徴される都市知識人結社の動向に、井上が脅威を感じていたことはわかる。そして、それを裏づけるかのようにおきたのが開拓使官有物払下げ問題をめぐる世論の沸騰であり、この事件によって大隈と伊藤の対立は決定的なものとなったのである。

開拓使官有物払下げ問題

開拓使官有物払下げ問題とは、北海道の開拓を担当する開拓使の事業が満期を迎えるにあたり、薩摩出身の長官黒田清隆が、開拓使の所有していた土地、建物、工場などを、おなじく薩摩出身の政商五代友厚らが組織した関西貿易社に安価で払い下げようとした問題である。開拓使の事業についてはすでに新聞紙上で批判がおこなわれていたが、官有物払下げ問題については一八八一(明治一四)年七月二六日に『東京横浜毎日新聞』が取り上げたのがきっかけとなり、強い批判が巻きおこったのである。

払下げ批判の中心となったのは都市知識人結社であった。『東京横浜毎日新聞』や『郵便報知新聞』は繰り返し政府の処置を批判する社説を掲載し、また演説会を開いて政府を攻撃した。演説の内容はその後新聞に掲載されて拡散した。それらの演説会のなかで最大のものが八月二五日に新富座で開かれた演説会で、『東京日日新聞』の福地源一郎、元交詢社員の益田克徳、

『東京横浜毎日新聞』の肥塚竜と沼間守一、沼間の実弟高梨哲四郎が登壇し、三〇〇〇人余りの聴衆を集めた。

こうした状況を前に、大隈と福沢が陰謀をめぐらしているという説が政府内で流布しはじめた。大隈の憲法意見書の背景には福沢がおり、大隈と福沢が通謀して開拓使官有物払下げ問題で世論をあおっているというのである。伊藤をはじめとする政府首脳の、大隈に対する不信感は決定的なものとなった。こうして大隈の政府追放が決定され、明治一四年の政変が発生したのである。

ところが、政治状況の激変を前にして、愛国社系結社の動きは活発ではなかった。官有物払下げ批判で中心的な役割を果たしていた『東京横浜毎日新聞』は「南海志士の近状如何」と題した社説(九月九日)で、土佐の人士がこの問題でまったく発言していないとして、愛国社系結社の動向を批判している。「私立国会論」を掲げる愛国社系結社は、政府の動向に無関心であった。『毎日』は、この問題は政府を説得して国会を開設させる好機だとして、愛国社系結社のこのような態度を批判した。

開拓使官有物払下げ問題は、都市知識人結社の政府攻撃をひきおこし、それは都市知識人結社と関係の深い政府内の官僚の追放という政変に結びついた。

一四年政変以前、政府の内外で、憲法を制定し国会を開設するという目標は緩やかに共有されていた。そして、政府と民間をつなぐ位置にあったのは都市知識人結社であった。しかし、大隈意見書の提出によって、どのような憲法を、いつ制定するのかという具体的な論点をめぐって、政府内に亀裂が生じた。その結果、大隈派官僚は追放され、都市知識人結社は政府から切り離されることになった。

一方、政府は国会を開設しない、という前提で動いていた愛国社・国会期成同盟系の運動にとって、一四年政変はその前提が崩れてしまうことを意味した。「明治二三年の国会開設」という舞台が、政府によって設定されてしまったことにより、「私立国会論」はその存立意義を失う。愛国社系結社は振り上げた拳の下ろし先に困る事態に直面したのである。

自由党の結成

一四年政変の結果、愛国社系結社、都市知識人結社、双方で勢力の再編がおきた。

前章で述べたとおり、政変の直前、国会期成同盟第三回大会は自由党結成大会に切り替えられていた。政変を挟んで会議は続けられ、一〇月二六日に自由党盟約を決定、一〇月二九日に役員選挙がおこなわれ、総理に板垣退助、副総理に中島信行を選出した。

自由党結成に参加したのは、国会期成同盟の参加者と、都市知識人結社の一つ「国友会」である。しかし、こうした自由党の構成は最初から決まっていたわけではない。国会期成同盟大会が始まる前の九月二三日、東京に到着した板垣退助の歓迎会が、嚶鳴社、国友会、交詢社などの主催で開催された。これを契機に、都市知識人結社も加わった政党結成の機運が高まったが、結局、嚶鳴社をはじめとする多数は自由党に参加せず、国友会のみが自由党結成大会に合流した。自由党結成大会の席上でも、栃木の田中正造は都市知識人結社も含む政党の結成を訴えたが、受け入れられなかった。

国会期成同盟参加グループがすべて自由党に参加したわけでもない。京都の沢辺正修ら、国会期成同盟参加グループのうち近畿地方の非愛国社系勢力は、自由党への合流を拒否し、自由党副総理の中島信行を総理に迎え、自由党と連携する独自の政党「立憲政党」を結成した。また九州グループも自由党とは別に九州改進党を結成している。

なお、自由党には地方支部が置かれていたが、政府は一八八二(明治一五)年六月三日、集会条例を改正し、政治結社の支社設置を禁止した。これによって自由党の地方支部は解散させられ、各地方支部のメンバーは、独自の地域政党をつくるか、中央の自由党に直接加盟するかの選択を迫られることになった。また、そのまま運動が消滅してしまった地域もある。

一方、自由党に参加しなかった都市知識人たちと、政変によって政府を追われた元官僚たちは「立憲改進党」結成に向かう。立憲改進党を構成するのは以下の三つのグループである。第一に嚶鳴社である。沼間守一をリーダーとし、『東京横浜毎日新聞』という機関紙をもつ。第二に、政変によって政府を追われた元官僚のグループである。矢野文雄、犬養毅ら、多くは慶應義塾出身である。彼らは政変後『郵便報知新聞』を買収し、「東洋議政会」を結成する。第三に、小野梓と、彼の影響をうけた東京大学の学生たちである。のちに「鷗渡会《おうとかい》」を結成する。なお、小野梓は、かつて共存同衆で共に活動した国友会の馬場辰猪《ばばたつい》から自由党への参加を求められたが、これに応じなかった。

これら三グループが、一八八二年四月一六日に立憲改進党を結成する。

二　府県会という舞台

地方三新法

明治一四年の政変は中央の政治状況を一変させたが、それに先立って、地方の政治状況も大きく変わりつつあった。一八七八(明治一一)年、政府は、郡区町村編制法、地方税規則、府県会規則という三つの法令を発し、地方制度を全面的に改正した。これを「地方三新法」と呼ぶ。そして、この三新法にもとづき、一八七九(明治一二)年から府県会が、全国の府県で開かれた。中央に先んじて、地方で、選挙によって議員を選び、議会で政策のあり方を議論する政治が始まったのである。

地方三新法は社会のあり方を大きく変える法令であった。近世身分制社会は、村や町といった身分集団という「袋」の積み重ねでできている社会であったが、三新法はそれを壊し、府県というより大きな単位で、共通の問題を議論する場をつくり出した。

具体的には、府県レベルの財政として「地方税」という財政の単位を創出し、府県で一括徴収、一括支出することにした。そして、地方税の予算を審議する権限を府県会に与えた。府県会議員の選挙権資格は地租五円以上を納める満二〇歳以上の男子であった。もっとも、府県会の権限は限定されていた。府県会が審議できたのは地方税予算案のみであり、今日の条例のような、府県ごとの規則を審議し、議決する権限はもっていなかった。しかも、その予算案審議に関しても、府知事・県令は府県会の議決が不当であると考える場合は、認可せずに、中央政府の内務卿の指揮を仰ぐことができた。

そのような限定された権限であったとはいえ、地方三新法は新しい政治の領域をつくり出した。「袋」の積み重ねによってできている身分制社会では、政治という仕事もまたそのなかの一つの「袋」の仕事になる。領主身分の集団という「袋」がそれにあたる。しかし、三新法はそうした「袋」をやぶり、府県の住民全体に共通の利害を議論する場として、府県住民の代表である府県会議員が集まる府県会を設置した。

三新法が制定されたのは、別に政府が民権派の先手を打ったためではない。政府は政府で、身分制社会解体後の地方統治を進めるために、何らかの形で府県レベルでの財政システムと、それを動かすための意見集約の場を必要としていた。その意味で三新法はまったく政府の側の実務上の必要から生まれた法律である。しかし、身分制社会にかわる新しい社会の結合のあり方を、自分たちの手でつくり出そうとしていた愛国社系の結社にしてみれば、政府による三新法の制定は、国政レベルにおける「国会開設の勅諭」と同様に、政府の手によって「新しい舞台」が先回りして与えられてしまったことを意味する。与えられた舞台に乗るのか、乗らないのかという問題が彼らに突きつけられることになったのである。

土佐州会

三新法による府県会の設置という「与えられた舞台」への対応という観点から興味深いのは、

高知県で開かれていた「土佐州会」の顚末である。

土佐州会とは、一八七八(明治一一)年六月、立志社が中心となって開かれた会議で、一五〇〇名に一名の割合で、大区《だいく》ごとに選ばれた議員から構成される。これが「土佐州会」という土佐国を単位とした会議で、「高知県会」ではないのは、一八七六(明治九)年に高知県と名東県が合併しており、そのなかの土佐国部分だけに設置された会議だからである。

土佐州会は政府や県庁が命じてつくらせたものでも、その許可を得て設立されたものでもなかった。立志社が中心となり自主的につくられたものである。いわば私立国会の地方版である。そして、この土佐州会は、県庁が管理する「授産金」の下げ渡しを要求した。授産金とは、廃藩以前に、土佐藩主山内家と有志の出資によって、堕胎や間引を抑止するため、貧民を救助する目的で設立された基金である。

ところが、この資金は、立志社と密接な関係があった岩崎長武が権令として高知県を統治していた時期(第二章を参照)には、産業振興のための資金に転用され、各種事業に貸し出されていた。政府の報告書は、立志社もここから資金の貸付を受けていたらしい、と伝えている。もしそうだとすれば、立志社の主導する土佐州会の授産金下げ渡し要求は、岩崎県政時代に県庁と密接な関係にあった立志社が、州会を通じて主導権を回復するための運動という性格をもっていたことになる。

しかし、土佐州会が開会した直後に、地方三新法が発布され、土佐州会は三新法が定める府県会の存在と抵触した。一八七八年一一月五日、土佐州会は「府県会規則改正の願望書」を決議し、三新法の一つである府県会規則の改正を政府に要求した。そのなかでは、府県会の権限が小さすぎることとならんで、被選挙権の要件が地租の納入額によって決められていることが批判されていた。その批判の論理は「どれほど無智な者であっても、土地を所有して一定の地租を納めていれば議員になることができてしまう」というものであった。つまり、財産を持たない士族からなる立志社員は、どれほど知識があり、有能であったとしても、県会議員になれない、ということである。

結局、一一月一一日、高知県庁は土佐州会に解散命令を出す。土佐州会は「土佐国各大区連合会」と改称して存続をはかるが、これにも一二月二三日に解散命令が出て、立志社の土佐州会運動は頓挫した。

かわって、一八七九(明治一二)年一〇月三〇日、府県会規則にもとづく「高知県会」が開かれた。ところが、この県会議員を選ぶ選挙で立志社は多数を確保することができなかった。県会がはじまると、立志社系の議員たちは、府県会規則の選挙権規定を改正することを要求し、それが受け入れられないと辞職してしまった。結局、有産者中心の県会では、立志社は主導権をとることができず、与えられた舞台から降りるという路線を選んだのである。

立憲改進党と府県会

一方、与えられた舞台を活用した運動に熱心だったのは、都市知識人結社から立憲改進党につながる系列の人びとであった。

すでに述べたとおり、府県会の権限は限定されており、中央から派遣される官僚である府知事・県令には大きな力が与えられていた。このため、府県会の権限を尊重するよう求める府県会と、みずから立案した予算案が府県会によって変更されることを嫌がる府知事・県令との間で、紛争が多発した。なかには、一八八〇(明治一三)年の三重県会のように、県令の措置を不服として、県会議員の多数が辞職してしまうような事件も発生した。

このような辞職戦術に対して、沼間守一率いる『東京横浜毎日新聞』は批判的であった(なお、沼間自身も東京府会の議員である)。一八八〇年九月、東京府会で決議された予算案を東京府知事が認可しないという事件が発生した際、沼間は、辞職戦術をとるべきではないと主張し、議員辞職はたしかに勇敢には見えるだろうけれども、思慮を欠いた行為であり、いやしくも八

○万府民の代表として、府民の幸福をはかる責任を負う議員のなすべきことではない、と述べた。また、『毎日』は、三重県会議員の辞職を強く批判している。

それにかわって『毎日』が主張するのは、府県会規則で認められた建議権を活用することである。府県会には、政府に対して意見を述べる「建議」が認められていたが、建議をおこなうことによって、府県会規則の改正を政府に働きかけ、府県会の権限を拡大してゆく運動を主張したのである。

こうした運動方針のもと、一四年政変後に政党が結成されると、府県会で優位を占めたのは立憲改進党であった。府県会に足場を固めつつあった改進党は、一八八二年から八三年にかけて、全国の府県会議員が一堂に会する「全国府県会議員懇親会」を計画する。

この計画は政府によって阻止された。一八八二(明治一五)年一二月、政府は、府県会議員が連合・通信して運動することを禁止する法令を発した。改進党の懇親会を狙い撃ちしたものである。一八八三(明治一六)年二月に、「日本同志者懇親会」と名称を改め、参加者を府県会議員に限定しないという形をとって懇親会は強行されたが、結局政府により解散させられた。府県会という与えられた舞台に乗ったうえで、そこで与えられた権限を最大限活用することを目指した立憲改進党の運動は、こうして挫折した。

一方の自由党は府県会を重視しなかった。愛国社―国会期成同盟の私立国会論を背景にもつ自由党は、与えられた舞台を活用することよりも、舞台そのものをつくり出すことに固執していたのである。したがって、自由党は、すでにできてしまった府県会よりも、まだできていない国会の開設に運動の主眼を置く。自由党の機関紙『自由新聞』は、「国会がない状況での県会は、堤防がない田園のようなものだ」と主張している。

しかし、その国会でさえ、政府は明治二三年には開設することを約束しているのである。舞台そのものをつくり出すという運動方針と、すでに与えられつつある舞台。その矛盾があらわれたのが、一八八二(明治一五)年の福島県会であった。

三　福島事件

福島事件とは

福島事件(「福島・喜多方事件」とも呼ぶ)とは、福島県令三島通庸《みしまみちつね》と、福島県内の自由党員とのあいだでおきた一連の衝突を指す。この事件は、県庁所在地である福島と、争点となった道路建設の現場である会津地方の二か所を舞台とし、次のような三つの局面からなる。

第一の局面は、一八八二年四月から五月にかけての福島県会(議長は河野広中である)での県庁と自由党系議員との対立である。この対立は、五月一〇日、県庁の提出した予算案を全面的に否決することでクライマックスを迎える(いわゆる「議案毎号否決事件」)。

第二の局面は、道路建設をめぐる県庁と、会津地方の住民の対立である。三島県令は会津地方で道路建設を計画し、その強引さに反発した会津地方の住民が、会津地方の自由党員に主導されて抗議行動をおこした。その指導者の逮捕をきっかけに、一一月二八日、農民たちが喜多方の警察署に押し寄せるという事件が発生し、警官と衝突する(いわゆる「喜多方事件」)。

第三の局面は、喜多方事件を口実とした、河野広中ら自由党員の一斉逮捕である。議案毎号否決によって河野率いる自由党と対立を深めていた三島は、喜多方事件を好機として、一二月初めに福島で河野らを逮捕した。取り調べの過程で、河野らがかわした盟約書が政府転覆を計画したものであるとされ、河野らは国事犯として高等法院の裁判にかけられる。最終的に、三島と福島県内の自由党員の対立は、自由党幹部の一人である河野の逮捕にまでエスカレートしたのである。以下、それぞれの局面について詳しくみていこう。

県会の開会

一八八二(明治一五)年二月一七日、三島通庸が福島県令に着任する。三島は薩摩出身の官僚で、酒田県・鶴岡県の県令を経て、山形県令をつとめていた。福島県令着任時は山形県令を兼任したままであった(七月から福島県令専任となる)。

三島は最初から、県内の自由党員に敵対的な姿勢を示していた。三島によって福島県耶麻郡《やまぐん》の郡長に任命された佐藤志郎は、郡長着任に際し、三島から、耶麻郡は自由党の巣窟であるので、これを「撲滅」せよとの内命を受けたと述べている。

一方、福島県内の自由党も三島と全面対決の姿勢を示していた。明治一五年度通常県会開会の前日である四月二三日、自由党福島部が党員に出した通信には、三島は自由党の勢力が伸長する前にこれを潰すつもりであり、来るべき県会の議事は荒れるだろう、と予告している。両者は対決姿勢を鮮明にして県会の開会を迎えたのである。

四月二四日に開会した通常県会は、前年度の「精算報告書」(決算)のあつかいをめぐって開始早々に紛糾した。議長である河野広中は、三島県令が出席し、直接説明にあたるよう求めた。しかし、その後議事が進行し、予算案の審議に移っても、三島はまったく県会の議場には姿を見せない。三島は県庁所在地である福島を離れ、会津地方に視察に行ってしまったのである。

一週間を経た五月一日、県会議員のなかから、このような三島の態度は県会を侮辱するものであるから、県令に出席を求め、出席がない場合は議事を中止すべきだ、という提案が出された。県令が出席しない以上、予算案全体を否決すべきだと主張する議員もいたが、結局、県会議員の代表を三島のもとに送って出席を求めるという案が多数を占めた。

こうして予算案審議の議事が続くが、五月四日、議長の河野広中が議長席を代理に譲って演説し、三島県令の施政方針を問う必要があるため、三島に出席を求めることを主張した。これをうけて、自由党の山口千代作は、議案全体の審議を県令が福島に戻るまでストップする提案をおこなう。この提案に反対する立場の議員は、もしそうしたことをすれば県令は内務卿の指揮を仰ぎ、県会の議決を無視して予算案を執行することになるだろう、と述べている。

三島通庸．出典『三島通庸伝』

結局、山口千代作の、議案全体の審議停止という提案は多数を占めることができなかった。河野広中はこれにかわって、このとき審議していた郡庁舎建築修繕費の予算案のみに関して、県令の福島帰還を待つ、と提案し、これが可決された。この後河野は、浦役場難破船諸費、諸達書及掲示諸費、勧業費の予算案それぞれについて、県令帰庁まで審議しない、という提案をおこなうが、いずれも否決されている。

ここまでの県会序盤の審議過程からうかがえることをまとめておこう。

第一に、焦点となっているのは三島が県会に姿を現さないという問題であったことである。こうした態度は三島が県会を軽視していることの表れであるとされ、河野をはじめとする自由党系議員は、三島が出席するまで審議を停止することを主張した。一部の自由党系議員からはこの段階で予算案全面否決の意見が出ているが、最初からそれが自由党系議員の一致した方針であったわけではない。

第二に、そうした自由党系議員の審議停止の方針は、必ずしも県会で多数を占めているわけではないことである。繰り返しおこなわれる審議停止の提案の多くは否決されており、県会議員の代表を委員として派遣し、県会への出席を求めるというのが、この段階での県会議員の多数意見であった。

第三に、自由党系の方針に反対する議員の主張は、もし審議を停止したり、議案全体を否決したりすれば、結局県令は県会を無視して予算案の原案を執行するだけだ、というものだったことである。これは、さきに述べたように、府県会規則が府県会の権限に制限を加えていたことが背景にある。そうなるよりもむしろ現実的に予算案の中身を審議したほうが県民の利益につながる、というのが非自由党系議員の主張であった。

議案毎号否決

五月五日の議事の最中、県会議員のうち三名が腹痛を訴えて退席、これによって県会は定足数割れをおこし、五月六日は休会となる。

この間、五月五日夜に自由党系議員は懇親会を開き、県会議事に臨む方針について協議し、議案全体を否決の方針で一致する。そして議事が再開された五月七日、自由党の宇田成一《うだせいいち》は、議案全体の否決を提案する。

宇田はこの提案の趣旨を「地方税は各項とも一切出すのが嫌やだから否決する」と説明した。これに対し元会津藩士で三島を支持する県会議員の辰野宗治は、地方税予算案を全面否決すれば、郡役所や警察署も維持できないことになるので廃止になってしまう、地方税を一切出さなければ県の行政は一つも実施できなくなる、と批判した。宇田は「それもやむをえない」と答えている。

五月八日から九日は再び定足数割れとなり、五月一〇日に再開された議事は全面否決派と反対派の激しい議論の応酬となった。議論の席上、三島が福島に戻ったという知らせがもたらされるが、自由党系の市原又次郎は「最早《もはや》無用」と述べている。採決がとられ、議案の全面否決は二三対二一で可決された。これがいわゆる「議案毎号否決」である。

議案毎号否決に至る経緯を整理すれば、以下の三点が注目すべき点として浮かび上がってくる。第一に、自由党系議員が毎号否決という方針で一致したのは、休会中の五月五日の懇親会であったということである。その前までの自由党系議員の多くは、三島の帰庁まで審議を停止するという方針を支持しており、五月五日の懇親会での方針はそこから一歩踏み込むものであったと言える。

第二に、自由党系議員の提案した毎号否決は、出席者の投票では二票という僅差で可決されており、さらに多数の欠席議員がいたということである。当時の福島県会議員の総数は六二名で、そのうち出席していたのは四四名にすぎない。議事が紛糾した五月四日以降は欠席者が相つぎ、定足数ぎりぎりでの審議であった。個々の議員の欠席の理由についてはわからないが、議事の紛糾に嫌気がさしたこともあろうし、県庁側からの圧力があったことも考えられる。いずれにしても、六二名中一八名の欠席者が、三島県令と自由党の正面衝突に巻き込まれることを望まなかったのは間違いない。議案毎号否決はそうした状況のなかでおこなわれた。

第三に、議案毎号否決反対派は、毎号否決は結局県令による原案執行を招くだけであり、与えられた権限内での現実的な予算審議が県民の幸福につながると主張していたことである。この批判に対し自由党系議員はまともな回答をしていない。つまり、自由党系議員の主張は、予算案の内容が否決すべき内容である、ということではなく、三島の姿勢が気に食わないから三島が作成した予算案は否決する、ということにすぎない。自由党系議員も最初から毎号否決を方針としていたわけではないことと考え合わせれば、県会にまったく姿を見せないという三島の姿勢が、自由党系議員の態度を硬化させ、両者の対立をエスカレートさせた。その結果が毎号否決であった、ということができるだろう。

毎号否決反対派の批判を聞いていた自由党系議員の側から見れば、毎号否決の結果、原案執行となることは織り込み済みであったはずである。ではなぜ河野に指導された自由党系議員がこうした方針をとったかといえば、彼らにとっては、福島県の地方税予算案の中身よりも、全国的な政府と自由党の対立という構図のなかで、政府に打撃を与えることがより重要だったからである。五月一九日、閉会にあたって演説した議長河野広中は、この結末は福島のみならず、必ず全国に影響を及ぼすであろう、と述べている。福島県の地方税予算案は全国的運動の一つのコマとして使われたのである。

そもそも、もし県令に原案執行をおこなう権限がなかったとすれば、県会は容易に地方税予算案の全面否決には踏み込めない。それによって県内の行政がすべてストップしてしまえば、県民の生活に影響がでることは避けられないからである。逆説的ではあるが、自由党系議員は、県令には原案執行が可能であるという見込みがあればこそ、議案毎号否決という派手なパフォーマンスを演じることができた。

議案毎号否決事件を特徴づけるのは、三島の側にも自由党の側にも、対話の意思が見られないということである。三島は県会がどのような議決をしようと原案執行が可能なのだから、県会に議案の説明におもむく意思はなかった。一方の自由党はどうせ三島が原案執行をしてしまうのだから、議案を全面否決して自由党の存在を全国に示そうとした。

自由党は県会という与えられた舞台に乗るつもりはなく、一方、三島の側でも舞台に乗らせようというつもりもない。両者の対話の意思の欠如が相互にエスカレートした結果が、「議案毎号否決」という激突をもたらしたと言えるだろう。

念のために言い添えるならば、筆者はとくに、自由党は無責任であったとか、三島は対話の姿勢をみせるべきであったなどと言いたいわけではない。

近世身分制社会が解体し、新しい社会秩序をどのようにつくっていくか、という一つの歴史的な状況のなかで、愛国社―自由党の運動方針は、政府による秩序形成を待つのではなく、自分たちの手で新しい秩序をつくってゆくことを目指していた。一つの秩序が解体し、新しい秩序がいまだ生まれていない時期、そうした運動が現われてくるのは当然のことである。

一方、一八八二(明治一五)年という時点で、中央においても、地方においても、政府はすでに新しい秩序の枠組みをつくり上げつつあった。「新しい秩序を自分たちの手で」という運動方針に自由党が忠実であろうとすれば、自由党は府県会に与えられた権限の枠内での運動では満足できない。議案毎号否決事件は、社会秩序の移行期に生まれた運動が、移行期の終わりに直面したときに、おこるべくしておきた出来事であった。

会津三方道路

さて県会をほったらかしにしたまま三島が取り組んでいた事業が、いわゆる「会津《あいづ》三方道《さんぽうどう》路《ろ》」の建設計画である。

会津三方道路とは、会津地方から山形、新潟、栃木の三方向に向かって計画された道路のことである。三島は前任地の山形県でも積極的な道路建設を進めた経験があった。山形県における三島の道路建設の手法は、地方と東京を結びつける道路の建設を、中央政府から国庫補助金を獲得しつつ、道路沿線地域の負担によって進めるというものであった。

一方、会津三方道路は、会津地方を、栃木県を経由して東京に結びつけるだけでなく、会津地方の住民にとって物産の輸送先として重要な意味のある新潟地方と結びつけるという要素を持つ道路であった。もっぱら地方と東京を結びつけることを目指していた三島の山形時代の道路建設に比べれば、三方道路は会津地方の産業振興という、地域住民の利益に配慮した道路計画であったといえる。

会津三方道路「河沼郡東松村地内反場橋ノ景」．福島県立図書館蔵

ただし三島は、その財源に地方税という県レベルの財源をあてようとはせず、道路地元住民の負担と国庫補助金で建設をおこなおうとした。

仮に三島が地方税予算で道路を建設しようとしても、予算案を全面的に否決してしまうような県会がすんなり承認するとは思えない。そこで三島は県会を迂回し、国庫補助金と地元負担に財源を求める。一方では政府にコネをつかって働きかけ、一方では地元住民に大きな負担を強いる。強引な手法である。

喜多方事件

一八八二(明治一五)年二月二八日、着任早々の三島は、部下を会津地方の中心都市、若松に派遣し、会津地方六郡の郡長を集め、「六郡連合会」の開催を指令した。六郡連合会とは、一八八〇(明治一三)年に制定された区町村会法にもとづく連合町村会である。同法は各町村に町村会を設置する場合の基準を定めたものであるが、町村会はそれぞれの町村で個別に設置できるだけではなく、共通の問題を持つ町村が合同で、広域の会議を開くこともできた。これを「連合町村会」と呼ぶ。三島は、三方道路の地元である会津地方六郡の全町村(八六町四九三村)からなる連合町村会を設置し、この六郡連合会の議決で、道路建設に必要な財源を住民から徴収しようとしたのである。

三月一六日に六郡連合会は三方道路建設の予算案を可決する。この予算は住民の肉体労働によって支えられている点が特徴である。原則的に、六郡の住民のうち、一五歳以上六〇歳以下の男女は、全員が毎月一日、二年間、道路建設の労働に従事することとされ、従事しない場合は、男性は一日につき一五銭、女性は一〇銭の「代夫銭《だいふせん》」を納めることとされた。ただし、六郡連合会の議決は、国庫補助の実現を条件としていた。国庫補助が認可されたならば、住民もこれだけの負担をする、という形になっていたのである。

これをうけて、三島は政府に九万八〇〇〇円の国庫補助を要求した。のちに認められるが、三島は認可される以前の六月二九日、道路の路線査定と工事開始を命令し、住民に負担を要求した。

これに会津地方の住民は反発した。重い負担の承認は国庫補助の実現が条件だったのに、それが未確定のまま県庁は道路工事に着手してしまったからである。

このころ、福島県内の自由党員は二つの地方支部に分かれていた。河野広中ら、福島に拠点を置く党員が「自由党福島部」に属していたのに対し、会津地方の党員はこれとは別に「自由党会津部」を設立していたのである。宇田成一ら会津部の自由党員は、この三島の道路着工の強行に対して、六郡連合会の臨時会開催を求める運動を主導した。

八月一二日、六郡連合会議長の中島友八は、県庁の措置は六郡連合会の議決に違反するので、着工を取り消すよう求める上申書を出したが、八月一六日に却下された。翌一七日には、福島から新聞発行の株式募集に来ていた田母野《たもの》秀顕《ひであき》と宇田成一が滞在していた旅館清水屋を、帝政党という反民権派団体の士族が襲撃して、田母野と宇田に暴行をはたらくという事件がおきた。

こうして、会津地方でも三島と自由党員の対立は深まってゆく。

八月二三日、道路建設に反対する住民は、県庁の不当な行為をやめさせ、改めて住民が主導して適切な形での道路を建設することを目指す、「権利恢復同盟」を結成した。一〇月二〇日、権利恢復同盟のメンバーは、若松裁判所に、県庁の措置は法に違反しているとして訴状を提出する。そして、原告となった住民たちは、裁判終結まで夫役への出役および代夫銭の負担を拒否したのである。

県庁の対応は強硬であった。出役・出金を拒否した住民たちの財産を差し押さえ、競売にかけるという措置にでたのである。さらに警察は権利恢復同盟の内部に密偵を潜り込ませて、反対運動の内実を探った。その情報にもとづき、警察は宇田成一ら運動指導部の逮捕に踏み切った。

一一月二八日、宇田らの逮捕の報をうけた反対派の住民は、逮捕の理由を問いただすとして、喜多方の南の弾正ヶ原《だんじょうがはら》に集結して、喜多方警察署に向かい、警察署で警官と乱闘になる。これが「喜多方事件」である。

ついに県庁と住民の対立は暴力行使の局面にいたった。警察は耶麻郡新合村《しんごうむら》(現在の喜多方市)の権利恢復同盟本部を急襲したのをはじめ、関係者を次々に逮捕してゆく。

さらに、三島県令は、喜多方事件の発生を好機とし、県内自由党勢力の一掃に乗り出す。一二月一日、喜多方事件に関連していたとして、河野広中をはじめとする福島の自由党幹部も逮捕したのである。

福島自由党の動向

喜多方事件の黒幕として逮捕された河野広中であるが、実際には会津地方の道路建設反対運動に深くかかわっていたわけではない。

さきに述べたとおり、福島県内の自由党組織は、県庁所在地福島に拠点を置く自由党福島部と、会津地方の自由党会津部に分かれていたが、道路問題にかかわっていたのは会津部の自由党員である。

福島県会が閉会したのち、河野広中ら自由党旧福島部(集会条例により支部は解散させられたが組織は存続していた)のメンバー六名は、政府の打倒をかかげた秘密の盟約書に血判署名した。八月一日のことである。これが河野らが逮捕された後、国事犯の証拠として採用される。

盟約が結ばれた後、河野は東京に向かう。次節で述べる自由党中央での板垣洋行問題の紛糾への対応と、九州遊説の計画を実現するためであった。在京中に会津部の山口千代作が上京して道路問題について協議しており、河野は道路建設が会津地方で重大問題となりつつあることは理解していた。しかし、河野の目は会津地方よりも全国に注がれていた。河野は、後年の回想のなかで、当時の自分は「国家」のために働いていたので、福島県の「地方問題」に巻き込まれることは好まなかった、と述べている。河野の目標はあくまで、国家全体の新しい秩序を自分たちが主導してつくり上げることにあり、会津地方の住民がかかえる個別の問題に向き合うことにはなかった。足元の問題より天下国家の問題を重視するこうした河野の態度は、第一章で見た、廃藩置県後に副戸長に任じられた際にそれを不満とした態度とよく似ている。

ところが、河野の不在中に会津地方の道路問題は深刻化する。一一月には旧福島部の側でも事態を重く見るにいたり、東京に支援のための活動家の派遣と、河野の帰還を求めた。一一月一一日、河野は不本意ながらも要請に応えて福島に戻り、まもなく検挙されるのである。

事件の構図

以上の福島・喜多方事件の一連の経緯を追うと、三島通庸福島県令と、河野広中率いる福島自由党の、妥協の余地のない対立が、この事件の核にあることがわかる。

両者の対立がなぜ妥協の余地がないかといえば、それが個別具体的な政策をめぐる対立ではないからである。三島も河野もお互いのことを「敵」としてしか認識していない。愛国社―自由党の路線に忠実な河野は、与えられた舞台に乗ることを拒否し、三島との闘いを、全国レベルでの政府対自由党の闘いの一環と位置づけている。三島の施策の一つひとつについて、なぜそれに反対するのかの理由が述べられることはない。

三島は三島で、「敵」の集まる県会に予算をはかることなく、地元の負担と国庫補助で会津地方の道路建設を強行する。会津地方の住民は道路を欲していないわけではない。住民のなかには、自分たちの地域に有利な道路の路線設定がなされるよう県庁に働きかける動きすらあった。しかし、三島の強引な手法は、とくに路線設定で不利となる地域では重い負担だけを住民に課すものであり、反発を招いてしまったのである。

もうひとつ、三島対河野の対立について注目すべきことは、この二人がともに戊辰戦争の勝者であるということだ。三島は薩摩藩出身で、大久保利通に引き立てられて出世した藩閥政府の一員である。そして第一章で見たとおり、河野広中は三春藩を新政府側に寝返らせ、新政府軍の一員として会津藩との戦闘に従軍した経歴を持つ。戊辰戦争の勝者であるという自負が、自分が新しい秩序の創設にかかわるべきであるという河野の確信を支えている。三島と同じ舞台に後から乗せてもらうわけにはいかなかったのだ。福島・喜多方事件は「戊辰戦後デモクラシー」の延長線上におきた出来事であった。

一方、戊辰戦争の敗者、会津の士族たちは、この事件において三島を支持する帝政党を結成し、会津の自由党員たちに暴力を振るっていた。ゼロから出発しなくてはならなかった敗者にとって、権力のために働くことはチャンスであった。戊辰戦争から一五年をへて、敗者と勝者の立場は逆転しつつあった。

四　迷走する自由党

板垣洋行問題

このころ、自由党の中央は混迷を深めつつあった。

一八八二(明治一五)年六月一二日、自由党は結党後最初の大会となる臨時大会を開いた。大会には全国の地方支部の代表者九〇名が参加した。

ところが、大会直前の六月二日、さきに述べたように集会条例が改正され、結社の地方支部設置が禁止された。自由党は当初、集会条例の適用対象となることに抵抗を示していたが、六月三〇日に集会条例の適用を受け入れ、地方支部に解散の指示を出した。自由党は、全国政党としての組織を整えるや否や政府による集会条例の壁に阻まれたのである。

同じころ、自由党幹部の一人で、党首板垣の盟友である後藤象二郎は早くも転身を模索していた。一八八二(明治一五)年三月ごろ、後藤は伊藤博文、井上馨ら政府首脳に対して、自身と板垣退助のヨーロッパ行きの計画を持ちかけた。井上馨が伊藤博文に送った書簡によれば、後藤の心積もりは、この洋行を「洗濯」と位置づけ、帰国後政府に復帰するという点にあったという。一方、板垣が洋行を希望したのは、伊藤博文がこの年、憲法調査のためヨーロッパに渡ったことに対抗する意図があったようだ。

後藤の働きかけにたいして外務卿井上馨が金策に動いた。当初井上は三菱の岩崎弥太郎から調達しようとしたが不首尾に終わり、三井に資金提供を依頼する。三井は、三井が政府から請け負っていた陸軍省の公金取扱い業務を三年間延長するという利権と引き替えに、二万ドルの提供を承諾した。

政府によって舞台が整えられつつあるなか、後藤は早くも与えられた舞台に乗るための画策をはじめていたのである。それは、西南戦争以前の立志社の「わりこむ運動」への復帰である。西南戦争以前の立志社の「わりこむ運動」は、土佐の士族集団という潜在的な軍事力を背景にしていたが、今度は、自由党という政党を背景にして後藤は政府にわりこもうとした。

板垣・後藤の洋行計画が自由党内に伝わると、党員からは反発の声があがった。まず、結党後一年もたっていないにもかかわらず、党首が長期にわたり不在となることを問題視する意見があった。さらに、洋行の資金の出所についても情報が漏れると、反発はより大きいものとなった。

自由党内で板垣洋行反対の中心となったのは、馬場辰猪、大石正巳ら、都市知識人結社・国友会出身の党幹部であった。一八八二年九月一八日、馬場・大石は自由党本部で板垣を詰問し、これに対して板垣は、洋行費は、大和の資産家で、自由党の支持者である土倉庄三郎なる人物から提供されたものであると反論した。

馬場辰猪. 出典『馬場辰猪集』

土倉が板垣に資金を提供していたことは事実である。どうやら板垣は、当初、後藤が調達してきた洋行費の出所を知らなかったようである。しかし、この情報が漏れ、改進党系の『東京横浜毎日新聞』が疑惑を書きたてるにいたって、板垣は後藤が調達してきた政府ルートの資金を使用することを嫌って、独自に土倉に資金提供を依頼したらしい。となると、井上の斡旋で三井から後藤が手

栃木県の自由党員による偽党撲滅のイベント．中央の動物は大隈を暗示する大きな熊．早稲田大学図書館蔵

に入れた二万ドルはどこへ行ったのか。後藤が一人で使ってしまったということになるが、そのあたりの事実は今となっては知るすべがない。

馬場・大石らに対抗して、九月二六日、板垣は地方の代表者を本部に集めて相談会を開き、馬場らの処分を提案する。結局、一〇月二日、馬場と末広鉄腸《すえひろてっちょう》の二名が常議員を辞職することで、この問題は一応の決着がつき、一一月一一日、板垣・後藤は洋行に出発した。

板垣洋行をめぐる党内紛議で、馬場ら都市知識人結社出身の党幹部は切り捨てられ、自由党はその分弱体化を余儀なくされたのである。

偽党撲滅

板垣洋行問題では、立憲改進党系の『東京横浜毎日新聞』が自由党批判の先頭に立った。これに対して自由党は反発を強め、自由党、改進党の対立が深まる。一〇月二四日、自由党は『自由新聞』紙上で改進党との関係断絶を宣言する。

そして自由党は、関係断絶にとどまらず、改進党への攻撃を開始する。改進党の党首大隈重信が三菱と癒着しているとして、改進党は真の政党ではない「偽党」であると攻撃する、いわゆる「偽党撲滅」キャンペーンを張る。

一八八三(明治一六)年に入ると自由党の改進党攻撃はエスカレートし、四月の党大会では偽党撲滅が党の活動方針として決議される。これを受けて、五月から六月にかけて『自由新聞』に掲載された社説のうち約四割が改進党批判に費やされ、偽党撲滅演説会の開催、改進党系演説会への介入など、党をあげての攻撃がおこなわれる。

政府によって舞台を与えられ、しかしその舞台に乗ることのできなかった自由党活動家たちのエネルギーは、愛国社以来の都市知識人結社への反発も相まって、改進党攻撃へと向かってしまったのである。自由党は迷走しつつあった。

第五章 暴力のゆくえ

西　暦	出 来 事
1880(明治13)	8月10日　秋田立志会設立
1881(明治14)	5月～6月　秋田事件
1883(明治16)	6月22日　板垣帰国
	6月30日　自由党常議員会議開会．10万円募金計画決定
	11月23日　飛鳥山運動会で鯉沼九八郎と琴田岩松接触
	12月9日　大島渚ら，強盗事件を起こす(名古屋事件の始まり)
1884(明治17)	3月10日　自由党常議員会議，板垣解党論を主張
	3月13日　自由党大会，板垣の総理留任と組織改革を決定
	8月10日　自由党，「有一館」を開設
	9月10日　裏神保町で質屋を襲撃した河野広体ら，爆弾を使用
	9月12日　鯉沼宅で爆弾暴発
	9月23日　加波山事件
	10月29日　自由党大会，解党を決定
	11月1日　秩父事件

一　激化事件

武装蜂起に向かう民権家たち

一八八三(明治一六)年から一八八四(明治一七)年にかけて、自由党系の急進的な活動家たちによるテロ・武装蜂起計画とその発覚が相ついだ。これらは「激化事件」と呼ばれる。

主要なものをあげれば、警察のスパイによる捏造証言に端を発し、逮捕者の一部が大臣の暗殺を計画していたとして有罪となった「高田事件」(一八八三年三月)、福島・栃木・茨城の自由党員が、政府要人の暗殺を計画したが事前に露顕し、茨城県の加波山《かばさん》で蜂起した「加波山事件」(一八八四年九月)、愛知県と長野県の自由党員が、蜂起計画の発覚によって一斉に逮捕された「飯田事件」(一八八四年一二月)、名古屋の自由党員、博徒、都市下層民らによる政府転覆のための資金調達を目的とした連続強盗である「名古屋事件」(一八八四年一二月に主要参加者逮捕)、静岡県の自由党員が挙兵・政府要人暗殺を計画した「静岡事件」(一八八六年六月に逮捕)などである。

なぜ彼らは急進化し、直接行動に駆り立てられたのであろうか。本章ではこの問いに答えてゆきたい。

秋田事件

「激化事件」と呼ばれる民権派の暴力行使ないしその未遂事件のなかで、時期的にもっとも早いものは、一八八一(明治一四)年の「秋田事件」である。秋田事件とは、秋田県の民権家・柴田浅五郎が率いる秋田立志会のメンバーが、一八八一年五月一八日と六月八日の二回、活動資金調達のため、富裕者の家に押し入り強盗・殺人を働いた事件である(ただし、柴田自身はこれに参加しておらず、強盗の指示も出していないものと思われる)。

この事件に関しては、秋田立志会の内部に入り込んだ警察のスパイが、立志会を壊滅させるために挑発しておこしたという謀略説が一部研究者によって唱えられている。しかし、警察がスパイを使っていたことは史料的に裏づけられる事実であるが、事件そのものがスパイの挑発によって引きおこされたという説には十分な史料的根拠はないので、筆者は謀略説は採らない。ただし、逮捕後に警察で拷問がおこなわれたことは間違いなく、そのため、警察で作成された調書と、その後法廷で事件参加者がおこなった陳述に食い違いがあり、警察での調書をそのまま信用することはできない。以下、法廷の陳述に主として依拠しながら、事件の経過を追ってみよう。
秋田立志会の創立者柴田浅五郎は、平鹿郡《ひらかぐん》中吉田村の農家に生まれた。一八七六(明治九)年、銀行設立を計画して上京したが成功せず、一八七八(明治一一)年にいったん帰郷、ふたたび起業を目指してこんどは関西に向かうが、これも失敗した。その後、関西から高知に行き、民権派の法律事務所「本立社」に勤務して、ここで民権思想を学んだようである。一八八〇(明治一三)年三月に高知を発ち、大阪で国会期成同盟第一回大会を傍聴、四月に帰郷して、一八八〇年八月、秋田立志会を設立した。

柴田浅五郎. 出典『横手市史 史料編 近現代 1』

同年一〇月、柴田は上京して国会期成同盟第二回大会に参加した。警察の密偵報告によると、期成同盟第二回大会後に、暴力行使を辞さない過激派(「激烈党派」)一七名がグループを形成したが、柴田はこの一員に数えられている。

この際、柴田は国会開設請願書の提出を試みたが、政府に受理を拒否された。柴田はその理由を、県内の過半数を組織していないからであると理解し、帰県して過半数を組織することを活動の目標に据えた。

実は、住民の過半数を組織することを目標にしていたのは柴田だけではなかった。一八八一(明治一四)年三月、仙台で、東北地方の民権家が集まり東北七州有志会という会合が開かれる。柴田もこれに参加した。席上、福島の河野広中は次のように演説している。東北地方の住民の過半数の同意を集め、政府に国会開設を要求するが、政府はこれを許可しないことは間違いないので、そうなれば自分たちは私立国会を開設し、地方官の命令にも従わずに納税も拒否する方針を採りたい、と。

すでに第三章でみたように、既存の秩序のほかに、自分たちの手で新しい秩序をつくり出し、その中心に私立国会を置くという路線、すなわち私立国会論は、国会期成同盟のなかで愛国社系の勢力が採った運動方針であった。国会期成同盟第二回大会後の東北七州有志会で、河野はいよいよこの私立国会開設に向けて動き出すことを宣言しているのである。柴田が県内の過半数を組織することを目標にするのは、柴田の率いる組織がそのまま私立国会の一部に転化することを目指しているからである。

こうした目標を持つ秋田立志会の活動はどのようなものであっただろうか。一八八〇(明治一三)年八月一〇日、立志会の発足時に制定された会則は、会の目標を法律学とその他の諸学問を研究し、討論会を開いて公益を促進すること、としている。つまり、表面上はどこにでも見られる学習結社である。

それにもかかわらず、立志会は急速に組織を拡大した。創立後わずか二か月の一〇月には会員が三〇〇〇名に達したとの報道もある。

なぜこのような急激な組織拡大が可能だったのか、一八八一年四月二〇日から二一日にかけて、地元の『秋田遐邇新聞《あきたかじしんぶん》』に、立志会の組織拡大の背景には無理な宣伝活動がある、という批判の投書が掲載されている。それによれば、立志会は、封建の世を復活させ、徴兵制を廃し、立志会のメンバーを軍事力の担い手とすることを目標にしており、そのために撃剣に励むことを説いているという。そして、立志会が権力を握れば、立志会員は会員の等級によって永世禄を与えられ士族となる、と宣伝している。そのため、大金を払って将来士族となる権利を購入する者や、そのため家産を失い、撃剣道具を携えて狂人のように歩き回る者などが発生している。柴田は秋田県の何千名もの代表者として全国の民権運動の大会に出席しようとしているが、その内実は何も知らない人びとをだましての数合わせにすぎない、と投書は批判している。

これに対して柴田はただちに事実無根と反論したが、あながちまったくの嘘とも言い切れない。一つは、前に紹介した一八八〇年一〇月の国会期成同盟第二回大会後の密偵報告のなかに、柴田が同様の宣伝をおこなっているという記載があるからであり、もう一つはのちに逮捕された立志会員の供述にも、また柴田自身の供述にも永世禄支給を約束したことが出てくるからである。

また、逮捕された立志会員の供述のなかには、立志会に参加した動機として、立志会が「窮民救助」を目的としていたからとか、会費を払えば、火災などの場合には立志会から金が支払われるからとか、「安楽」に暮らすことができるからといった理由をあげている者がいる。一方、インテリの会員は、会の目的は「国会を開設すること」であると述べている。つまり、会の目的を、国会開設運動であると理解して参加したインテリ会員と、一種の貧民救済・相互扶助の結社と考えて参加した農民や日雇いの会員がいたのである。なお、こうしたインテリ会員は、一旦逮捕されたものの、強盗事件には無関係として釈放されている。

柴田が政府転覆の蜂起計画を会員に打ち明けたのは、一八八一(明治一四)年三月、さきに述べた東北七州有志会から秋田に戻った直後であった。柴田は、全国を八つのブロックに分け、そのうち一つを柴田が支配する予定となっており、権力奪取が実現すれば、功績に応じて永世禄を支給すると述べた(この点に関して参加者の証言は変化するが、最終的に柴田はこのように発言したことを承認している。ただし、柴田は本意ではなく、ただ資金を集めるためだったと供述している)。

この八つのブロックというのは、おそらく国会期成同盟第二回大会が全国を八ブロックに分けて遊説をおこなうと決定したことを踏まえている。ところが、五月に入って立志会は資金難に陥ったようである。立志会の資金問題について詳しいことはわからないが、もし、会員の多数が立志会を貧民救済・相互扶助組織と考えて入会しているならば、資金がすぐに不足するのは当然であろう。柴田が資金調達を求めたのをきっかけに、一八八一年五月一八日に平鹿郡醍醐村の藤原多左衛門宅に一部会員が押し入り、その際、多左衛門を殺害、ついで六月八日に同郡阿気村《あげむら》の須藤六左衛門宅への強盗がおこなわれた。そして、阿気村事件をきっかけに立志会員が一斉逮捕されることになったのである。

「参加=解放」型幻想と私立国会論の共鳴

秋田事件の顚末を柴田浅五郎の側から整理すると次のようになるだろう。私立国会路線を採る活動家として、柴田は県内の過半数を組織する必要があった。そのためには立憲制や国会開設の意義を理解する知識人だけを組織するだけでは不十分であり、農民や都市下層民を幅広く組織する必要があった。そこで、柴田は立志会に相互扶助組織のような性格を持たせると同時に、立志会が権力の座についた暁には、立志会員には永世禄が与えられ、士族の身分も与えられると宣伝して会員を集めた。ところが、立志会は資金難に陥り、資金調達を指示した柴田の意図を越え、会員の一部が強盗事件に走った。

もし、これだけならば、秋田事件は単に柴田浅五郎という一活動家が人びとをだまして会員を増やした挙げ句、一部会員の暴走によって組織が壊滅したというだけの事件ということになるだろう。しかし、ここで立ち止まって考えるべきなのは、なぜ永世禄を与える、士族になれる、という宣伝で多くの人を組織することができたのか、という点である。

事件後、長く秋田の人びとはこの事件を「おならし事件」と呼んできたという。「おならし」とは、財産を「均《なら》す」、貧富の格差を平均化するという意味である。このことを軽く見るべきではないと筆者は考える。より安楽な生活を送りたいという人びとの願望が、この事件には投影されているのである。

さらに、柴田が用いたのとまったく同じような宣伝が、全国各地で見られることをどのように説明したらよいのだろうか。

すでに第三章でみたように、愛知・岐阜の愛国交親社も、参加すれば永世禄が支給され、楽に暮らすことができるようになる、という宣伝をおこなっていた。第三章ではこうした宣伝に引き付けられる人びとの幻想のあり方を「参加＝解放」型の幻想、と名づけた。ある特定の組織に参加することによって、将来の安楽な暮らしが保証される、という形の幻想である。撃剣が重要な役割を果たしていることを含め、愛国交親社の活動と秋田立志会の活動は酷似している。

同様の論理は福島でも見られる。警察の報告によると、一八八二(明治一五)年五月ごろ、福島県の三春周辺では、自由党員が、もはや自由党に加盟した者は全国人民の三分の二を超え、七月には「自由新政府」が設立されて全国を支配する予定である、自由党に加盟していない者はそのときになって後悔する、と農民たちに呼びかけていた。四国でも、愛媛県八幡浜の長浜立志舎という結社の演説会で、立志舎員になれば徴兵を免れ、営業税や戸数割税を払わなくてよくなる、「封建政治」の時代と同様になる、という内容が語られていた。

秋田立志会に加盟すれば将来、永世禄が支給されるという柴田の宣伝は、柴田の頭の中だけで生まれたものではない。柴田の宣伝内容は、広範な人びとが抱いていた「参加＝解放」型の幻想に支えられていたのである。

むしろ、移行期に生きる人びとの不安と希望に、「参加＝解放」型の幻想という形を与えるための触媒となったのが、柴田のような民権家がもちこんだ私立国会論だったというべきなのかもしれない。村、町、藩といったこれまでの所属身分集団から投げ出され、先行きが不透明な時代に生きる人びとには、何らかの組織に参加することで将来の保証を得たいという願望がひろがっていた。そこに現れた民権家が、自分たちの力で新しい社会をつくる、自分たちの組織が、新しい社会そのものに転化するという私立国会の構想を説いたときに生まれたのが「参加＝解放」型の幻想だったのではないだろうか。

少し想像をたくましくすることを許されるならば、私立国会という新しい組織を立ち上げ、参政権を得ることによってよりよい社会をつくることができる、という民権家の訴えを聞いた人びとは、それを新しい組織に加入すれば武士のような支配者の地位につくことができ、安楽な暮らしを送ることができるようになる、と受け取ったのではないか。

そして、民権家が意図的にそれを利用したのかどうかは別にして、そうした「参加＝解放」型の幻想の力によって組織の拡大がはじまってしまえば、民権家がそれをコントロールすることは不可能だっただろう。秋田事件はそうした「参加＝解放」型幻想に突き動かされた人びとが、指導者柴田浅五郎のコントロールを越え、近隣の富裕者を襲撃するという暴力行使にいたった事件であったように思われる。

急進的活動家たちの登場

所属する集団を失っていたのは、農民や都市下層民たちばかりではない。自由党の活動家たちも同様であった。
そもそも民権家とは、古い社会秩序が失われた状況のなかで、新しい社会をつくるという作業に、職業として従事することを選んだ人たちのことである。つまり、彼らはプロの活動家である。したがって、新しい社会の枠組みが政府によってつくり上げられてしまえば、彼らは失業してしまう。

こうした状況のなかから、暴力行使をも辞さない急進的な活動家たちが現われてくる。失業の危機に直面した活動家たちは、一か八かの賭けに出ざるをえなかったのである。

たとえば、一八八三(明治一六)年二月ごろから、高知県の活動家たちが相ついで上京してくるが、その動機は、一地方で蜂起しても、軍隊や警察に阻まれて簡単に鎮圧されてしまう、それならば東京で政府首脳をねらったテロを実行し、政府が動揺している間に天皇を押さえて天下に号令するほうが容易である、というものであった。活動家のなかには「人生は五十年のみ、最早《もはや》公債証書は喰へ尽し、年は取り方向はつかず、此れが国事の為め死出の山路に花咲かするの時なり」といったことを言う者がいたという。士族の活動家たちにしてみれば、秩禄処分によって与えられた公債証書も売り払ってしまい、年齢を重ねても展望は開けない。武力行使のほかに希望がなかったのである。

彼らは暗殺や蜂起といった暴力への傾斜を強めてゆく。それはいささか自暴自棄的な要素をはらんだものであった。「決死党」とか「決死派」と呼ばれる急進的活動家たちについて、警察の密偵は、「同志の家を訪れては、酒を乞い、金をねだって遊郭に通い、我等はいつ死んでもかまわないと放言する人々」と描写している。

加波山事件

このような追い詰められた活動家たちがおこしたのが、一八八四(明治一七)年九月二三日の加波山事件であった。

加波山事件の原動力は、福島で自由党を徹底的に弾圧した三島通庸に対する憎悪である。福島事件でいったん逮捕され、その後釈放された河野広体《こうのひろみ》(河野広中の甥)、琴田岩松ら、福島の民権家は、三島への憎悪を募らせ、三島の暗殺を計画する。一八八三(明治一六)年一一月、琴田は、東京・飛鳥山で開かれた自由党の「運動会」(活動家たちが撃剣や相撲で気勢を上げる集会)に参加し、そこで栃木の民権家鯉沼九八郎と知り合う。三島が一一月から栃木県令を兼任していたこともあり、河野ら福島グループは鯉沼と協力して三島の暗殺を狙うことになる。グループは栃木の鯉沼宅や東京の鯉沼の下宿を拠点とした。

定職を持たない活動家たちの生活は不安定であった。鯉沼は資産家であったので、活動家たちは鯉沼に依存した。栃木の鯉沼宅に居候する彼らの日常は「閑あれば必ず飲む」「酔えば必ず議論す。議論のはては必ず決闘す」「酔えば必ず抜刀す」といったものであった。鯉沼の友人であった栃木の民権家大橋源三郎は、鯉沼宅に出入りする活動家たちは品行に問題があり、口では民権を主張するものの、実際は人に頼って糊口をしのいでいるので、自由党員のなかにも「民権乞食」と呼ぶ者があったと述べている。

グループは、東京の三島邸での三島暗殺、延遼館(現在の浜離宮恩賜公園にあった政府の迎賓館)での政府首脳暗殺などを計画するがいずれも実現にいたらない。一方、鯉沼は爆弾の製造に着手し、一八八四年八月二〇日、試験に成功する。

そこに、宇都宮で栃木県庁の開庁式が開かれ、三島はもちろん、政府首脳が列席するとの情報が伝えられる。九月一〇日、鯉沼らは爆弾を用いてこの開庁式を襲撃することを決定する。

ところが、同じ日、東京で、河野広体らが神田裏神保町の質屋に強盗に入り、逃走の際に爆弾を使用するという事件が発生する。なぜ彼らは強盗をおこなったのか。警察に逮捕された後、河野は「主義拡張のために奔走するための旅費も不足しており、やむをえず金銭を奪って旅費や同志の生活費に充てるつもりだった」と供述している。

さらに九月一二日、鯉沼は自宅で爆弾製造中に暴発事故をおこし、大けがを負う(これにより鯉沼は実行グループからは脱落する)。相つぐ爆発騒ぎに警察の警戒は高まった。九月一八日には、栃木県の警察は鯉沼一派の計画を察知している。

鯉沼宅に集結していた民権家たちは、警察の目を逃れて茨城の下館《しもだて》に移動し、その地の民権家富松正安《とまつまさやす》にかくまわれる。ここでグループは富松を指導者に仰ぐが、栃木県庁の開庁式は延期になったとの情報が伝えられる。追い詰められたグループ(この段階で一六名)は、九月二三日、茨城県の加波山に上り、「自由魁」「政府転覆」などと記した旗を立て、檄文を配布して蜂起した。グループは警察署を襲撃し、警官隊と衝突して爆弾を投じる。この戦闘で、蜂起グループ、警察側それぞれ一名ずつの死者を出した。

爆弾によって警官隊を追い散らしたものの、わずか十数名のグループにそれ以上の展望があるはずもない。九月二六日、グループは栃木県芳賀郡内で解散を決定。散り散りに逃亡するが、やがて各地で逮捕される。

民権家と博徒

新しい舞台に乗りそこねた民権家たちは、社会のなかで周縁的な場所に追いやられつつあった。その結果、民権家たちは、同様に、近代社会が形成されようとしているこの時期、新しく生まれつつある社会の秩序からこぼれ落ちようとしている人たちと結びつこうとする。

警察の密偵報告は、自由党が、下層の人びとに呼びかけるため、講談師としての営業許可を得て、街頭でフランス革命史などを演じていること、財産平均論を訴えて社会の下層の人びとを引き寄せようとしていること、引き寄せられている人びとのなかには博徒がいることを伝えている。

愛国交親社や秋田立志会についてみたように、もともと「新しい社会をつくる」という民権派の構想は、集団からはみ出している、あるいは所属する集団を失っている人びとを引きつける力がある。くわえて、一八八三(明治一六)年から八四(明治一七)年にかけては、松方正義大蔵卿が主導する、いわゆる「松方デフレ」政策による不景気がもっとも深刻化した時期であった。近代社会の枠組みがつくられていくのと並行しておきたこのデフレは、それを乗り切って新しい舞台に乗ることができた人びとと、そこからこぼれ落ちていく人びとを選別していった。

こうして、舞台からこぼれ落ちていく人びとと、舞台に乗りそこなった民権家たちが結びついておきたのが、名古屋事件である。

名古屋事件とは、一八八三(明治一六)年一二月から、一八八六(明治一九)年八月まで、名古屋の民権運動関係者が殺人二件を含む五一件の強盗をおこした事件である。

事件の中心にいたのは、かつて戊辰戦争の際に尾張藩の草莽隊員として戦闘に参加した経験のある博徒や都市下層民であり、その一部は愛国交親社の社員、さらには自由党員でもあった。最初の強盗事件は、一八八三年一二月九日、元集義隊員で博徒の大島渚《おおしまなぎさ》が主導して実行された。続いて一二月二四日、元磅礴隊員で、愛国交親社員かつ自由党員の山内徳三郎が強盗グループに参加する。一二月三〇日には、山内徳三郎の勧誘で、自由党員の久野幸太郎《くのこうたろう》も参加する。

自由党員の久野が強盗をおこなった目的は、活動資金の調達であった。久野の計画では資金調達のために贋金づくりをおこなう予定であり、その贋金をつくる資金のために強盗に及んだのである。しかし、知識人の自由党員である久野は、この計画を博徒集団や山内率いる都市下層民集団に打ち明けたわけではない。山内は山内でそれとは別の計画をもっていた。強盗によって得た資金で「木砲」をつくり、四日市の三菱会社を襲撃して軍資金を奪い、本格的に挙兵するというのである。

山内や大島に率いられて強盗を実行した博徒や下層民たちの願望は、それとも異なっていた。たとえば、地租減額の請願をする費用を調達するために金持ちのところへ行って金を借りてくることを目的としていたと述べる参加者もおり、次のような供述をしている参加者さえいる。

「第一こーゆう世の中では、どーゆう事あるかも知れず、仍《よっ》て銘々の身体を丈夫に致しおかねばならぬと聞き、夫《そ》れに付《つき》ては金が無いが如何すると申したらば、まあ強盗でもして金を拵《こし》らへねばならずと言ふ事に相成たり、第二は女郎買ひ等する金なき為、致そーと決せり」。

二　自由党の解党

一〇万円募金計画

さて、急進化し、暴力行使に向かう活動家たちと、自由党の指導部との関係はどのようなものであっただろうか。

一八八三年六月二二日、自由党総理板垣退助は七か月の洋行を終えて帰国した。ところが直後の六月二四日、帰朝歓迎会の席上で、板垣は自由党の解党を示唆する演説をおこなう。しかし、このときの板垣の本意は、自由党の解党にはなかった。解党と募金計画の関係について、板垣は、側近の栗原亮一に対して次のように語っている。まず解党論で党員の奮起を促し、その後募金によって資金を集め、「錬武館」をおこして壮士を養成し、九州改進党をはじめとする各地の勢力と連携し、「私学校」(西南戦争前の西郷隆盛が鹿児島でつくった組織の名称である)をおこし、政府に対抗する実力を十分に養成したい。

つまり、この時点での板垣の自由党の解党の主張は、本気で解党するつもりであったというよりは、解党というショッキングな選択肢を突きつけることで、党員の奮起を促すためのものだったのである。そして、その際の「奮起」の中身は、錬武館を創設して壮士を養成するという暴力の要素を多分に含むものであった。

とはいえ、このことは、そうしたショック療法に頼らねばならぬほど、党活動が行きづまっていたことでもある。六月三〇日にはじまった自由党常議員会議は、自由党の存続と、活動費用として一〇万円(現在の数億円規模に相当する)の募金を集めるキャンペーンの開始を決定した。以後の自由党の活動はこの一〇万円募金計画の成否にかかってくることになる。板垣にしてみれば、この募金計画が成功するかどうかが、党員の奮起の程度をはかる指標になってくる。

「武」を否定できない党指導部

募金計画の推進と並行して、各地の民権家は直接行動への傾斜を強めてゆく。それに対する党指導部の対応は二面的であった。党指導部は、与えられた舞台に乗ることと、実力で新しい舞台をつくり出すこととの間を揺れ動くのである。

板垣洋行中の一八八三(明治一六)年三月三日の『自由新聞』社説は、自由党と政府は「進歩改革」という目標を共有しており、両者の違いは急進か漸進かという程度の違いでしかないと主張する。この論説の直接のねらいは、政府を「進歩改革」という否定できない規範で縛ることによって、政府の弾圧を不当なものとして訴えるという点にあろう。しかし、この社説は、自由党が政府と目標を共有していることを認めてしまっている。あくまでみずからの手で新しい秩序を創設することにこだわった愛国社・国会期成同盟の路線からの転換は明白である。

ところが、自由党はこの路線転換でその後も一貫するわけではない。たとえば一八八三年八月の募金呼びかけでは、募金の目的として、撃剣の訓練のための錬武場設置がうたわれていた。この錬武場は一八八四(明治一七)年八月に「有一館《ゆういつかん》」の開設となって実現するが(なお、一〇万円募金計画で実現を目指すとされていた事業のなかで、実現した唯一のものがこの錬武場=有一館である)、その開館式の演説で板垣退助は、人間はいまだ知識や道徳のうえで完全でないのだから、武力を用いるということは完全に止めることはできない、としたうえで、戊辰戦争時の自分の経験を引き合いに出して、会津攻城の際のみずからの部下の勇猛果敢さに比べれば、ここに集まった自由党の壮士たちはその強さを誇るには足らないと、腕力の養成の必要を説く。板垣の政治指導者としての権威が戊辰戦争における軍事的功績に由来し、板垣がこの時期に至るまで一種の軍事英雄であったことがよく表れているだろう。

一方、同じ板垣は、その五か月前の三月一七日の自由党相談会では、党員のなかには「武」だけを重視し、「文」を軽視するという弊害があるが、どれほど勇猛であっても、深い思慮がなければ武力だけで革命はできるものではない、と述べている。

おそらく、党指導部は実力行使には否定的であった。しかし、板垣以下の党主導部は「武」の要素を全面的に否定するわけにはゆかなかった。なぜなら、暴力に訴えてでも新しい秩序を自分たちの手で創出するというのは、自由党の存在意義そのものであり、自由党の思想の中核にあるものだったからである。そうした思想の淵源には、実際に暴力で旧秩序を打ち倒した戊辰戦争の経験があり、板垣退助が党首として権威を持ち続けるのも彼が戦争の英雄だったからである。実際にはそうした展望がまったく失われつつあるこの段階でも、自由党は暴力による新秩序の創設を全面的に否定する論理をもたなかった。したがって、党指導部は急進化する党員を抑えることができない。

一〇万円募金計画を成功させ、党活動を活発化させ、活動家たちに十分な活動の場と生活の糧を与えることが、この時点での党指導部の唯一の選択肢であった。しかし、募金計画は成功しなかったのである。

解党へ

一八八三(明治一六)年一一月一六日、自由党は臨時党大会を開き、常議員会議で決議した募金計画を改めて議論し、追認する。

次の自由党定期大会は一八八四(明治一七)年三月に開催された。大会に先立ち開かれた常議員会議では、このときまでに集まった募金の総額がわずか一九三〇円にすぎなかったことが明らかにされる。板垣はついに、解党やむなしと主張するにいたる。このころ自由党を財政面から支えていたのは、代言人《だいげんにん》(弁護士)出身の星亨《ほしとおる》であるが、星は各地の代表に対して四月末までに集められる額を明示するよう迫った。各代表が表明した額の総額は四万二〇〇〇円。これを条件に板垣は総理留任を承諾し、三月一三日に開会した大会では、総理に大きな権限を与えて板垣の引き留めがはかられることになる。

大会終了後、党幹部は全国各地に派遣される。それでも募金は集まらなかった。一八八四(明治一七)年一〇月二二日、秋季党大会の開催に先立つ準備の相談会が大阪ではじまった。ここでの議題は解党の可否以外にはなかった。解党論、解党不可論が対立し結論はでない。二六日、総理板垣が会議に出席する。板垣はこの時点までに集まった募金総額が一万円余りであったことを明かし、断固として解党すべきことを述べる。もはや選択肢は残されていない。二七日、相談会は解党方針を決め、一〇月二九日に開会した自由党大会は相談会の決定を追認し、自由党の解党を決議する。

三　秩父事件

発　端

大阪で自由党が解党を決めた三日後の一八八四年一一月一日、埼玉県秩父郡で数千人の農民が蜂起した。秩父事件の発生である。

秩父事件の発端は農家の負債問題であった。秩父地方は、江戸時代以来、養蚕・製糸業が盛んな地域で、とくに幕末開港後は生糸が輸出品となったことにより活況を呈していた。ところが、一八八一(明治一四)年以降の松方デフレによって生糸価格は急落し、蚕糸業に依存して生計を立ててきた秩父地方農民の生活は危機に直面する。土地を抵当に、高利貸に対して多額の借金を負うものが続出した。

一八八三(明治一六)年の末、秩父地方では負債の軽減や返済猶予を求める運動がはじまった。

農民たちは山林で集会を開いて組織づくりをすすめ、高利貸と集団で交渉しつつ、郡役所に請願をおこなったが、期待した成果をあげることはできなかった。

こうした状況のなかで、運動の指導者たちは武力蜂起の方針に傾斜してゆく。九月七日の指導者たちの会議では、負債の一〇か年据置き、四〇か年賦払いを高利貸に要求すること、学校費節約のため、小学校の三か年休校を県庁に要求すること、雑収税の減免を内務省に要求すること、村の費用の削減を村の役人に要求することを決定した。

この会議で、組織の最高指導者に推された大宮郷(秩父郡の中心的な都市で、現在の埼玉県秩父市の市街地)の博徒・田代栄助は、この目標実現については命をなげうつ覚悟がいるので熟考が必要であると言ったところ、他の指導者一同はもとより貧民を救うため命を捨てる覚悟はできている、と述べた。この後、もう一度郡役所に請願をおこなったが、受け入れられなかったため、一〇月一二日、一同は「腕力」に訴え、高利貸の家屋を破壊し、借金の証文をすべて焼き捨てるという方針を決定した。

田代栄助．秩父市石間交流学習館提供．田代三郎氏蔵

蜂　起

蜂起の日は一一月一日と定められたが、それに先立って一〇月三一日に風布村《ふうっぷむら》で蜂起が始まり、また金崎村の金貸会社・永保社《えいほしゃ》が襲撃された。警察が出動したが、蜂起の規模の大きさを把握できておらず、深追いのあげく撤退を強いられ、巡査一名が殺害された。

蜂起の本隊は一一月一日、下吉田村の椋神社《むくじんじゃ》境内に集結した。蜂起勢は白鉢巻・白襷を身に付け、その数は一〇〇〇名余りとも伝えられる。椋神社の境内では、田代栄助を総理とし、以下副総理、会計長、大隊長や小隊長といった役割表が発表された。蜂起勢は軍隊を模した組織形態をとったのである。

下吉田村の神官・田中千弥は、その日記のなかで、この日、二〇〇名余りの鉢巻・襷姿の蜂起勢が鉄砲・竹槍・長刀などを携えて街道を行進し、午後二時ごろには、蜂起勢のうち三名があらわれ、そのうち一名は抜身の刀をもって、「鉄砲または太刀・竹槍などをもって椋神社へ集まれ、集まらなければ焼き払う」と大声で叫んでいったことを記している。

蜂起勢は甲隊・乙隊の二隊に分かれた。甲隊は下吉田村で高利貸宅を襲い、刀剣八三本を奪って放火、近隣の家から食料と武器を供出させた。さらに上吉田村の戸長役場では役場の帳簿を焼却した。借金の記録を抹消するためである。乙隊は小鹿野《おがの》の町へ向かい、下小鹿野の高利貸宅に放火した。甲・乙両隊は同日夜、小鹿野の町で合流し、高利貸一軒に放火、六軒を打ちこわし、警察分署に乱入して書類を焼き払った。すでに警察は大宮郷から撤退していた。甲・乙両隊のほかにも別働隊が小鹿野周辺の高利貸を襲い、また蜂起参加の動員をかけた。

翌一一月二日、蜂起勢は秩父地方の中心地大宮郷に進出し、郡役所・警察署を占拠して高利貸を打ちこわした。大宮郷で襲われた高利貸のなかに、稲葉貞助という者がいた。田代栄助によれば、稲葉はもともと貧しい生活を送っていた者であるが、高利貸の結果わずか一〇年で五万円の富を蓄えた。田代は稲葉に対して、貸付高の半分の権利を放棄し、残る半額を年賦払いとし、かつ蜂起勢に対して「軍用金」として一〇〇〇円を差し出すよう要求した。ところが、稲葉はわずか五〇円しか差し出さなかったので、蜂起勢に打ちこわされた。

蜂起勢は通過する村々に動員をかけた。山田村の戸長役場から県庁に提出された報告書によれば、一一月三日に山田村に進出してきた蜂起勢は、刀・槍・鉄砲を携え、戸長自宅に押し入り、「今回我々自由党員が蜂起した理由は、政府の政治がはなはだ残酷で、人びとが苦労するのを見るに忍びないからである、ついては村々各戸一名ずつ刀か鉄砲を持って出頭せよ、出頭しない場合は放火する」と要求した。こうした動員によって蜂起勢は数を増していった。

一一月三日、蜂起勢は二手に分かれ、田代栄助らは大宮郷から北に移動して皆野《みなの》に入り、別の部隊は高利貸を打ちこわしながら下吉田に戻った。大宮郷を占拠した段階で、郡役所の役人も警察も秩父から退避する。警察は皆野の角屋という旅館に一時本部を置くも、ここも守りきれないと判断、二日未明、寄居《よりい》に撤退した。秩父郡内から国や県の機関はすべて追い出されてしまったのである。蜂起勢は進軍途上の動員で膨れ上がり、郡内の主要な高利貸はほとんどが蜂起勢によって打ちこわされた。ここまでは、蜂起勢の圧勝であった。

鎮　圧

しかしこの勝利は長くは続かない。埼玉県庁は政府に憲兵隊派遣を上申、一一月三日、四日と憲兵隊・軍隊が到着し、秩父郡は政府の軍事力に包囲される格好となった。中央政府の正規軍が投入されれば、農民の蜂起勢はひとたまりもないことは容易に想像がつく。

秩父全域を制圧したのち、どのような方針をとるのか、蜂起勢は指導部の間で統一した方針は存在しなかった。情報も錯綜し、各部隊は、それぞれ総理田代の指揮とは無関係に行動を開始する。一一月四日夜、田代栄助は「八方を敵に囲まれた以上は打ち死にするよりほかない」

しかし、一時山中に潜んで運命を待ちたい」という言葉を残して皆野から逃亡し、主要幹部も離散、蜂起勢の指導部は解体してしまう。

同じ四日の夜、蜂起勢の一部は皆野から平野部への進出を試み、児玉郡金屋村で軍隊と衝突して敗走した。これが秩父事件における最大の衝突であり、蜂起勢と軍隊が正面から向かい合った唯一の戦いであった。戦闘後、現地から県庁へは「我兵大勝利」という電報が送られている。

残る一部の蜂起勢は山を越えて群馬県に進み、さらに長野県に転じたが、一一月九日、八ヶ岳山麓で壊滅した。この八ヶ岳山麓の潰走をもって秩父事件は最終的に鎮圧された。

一一月一四日、総理田代栄助は潜伏先で逮捕された。この蜂起による逮捕・自首者は三六一八名、田代を含む七名が死刑判決を受けた(うち二名は逃亡のままの欠席裁判である)。なお、死刑判決を受けた一人である井上伝蔵は、その後も逃亡を続け、変名を使って北海道に定住して家族を持ち、一九一八(大正七)年、死を前にしてはじめて妻子に自分の経歴を語ってこの世を去ったことが、死後に新聞で報じられている。

負債農民騒擾としての秩父事件

秩父事件の焦点は農民の負債であった。松方デフレ期に負債を負ったのは秩父の農民に限られた問題ではない。一八八四（明治一七）年をピークとして、負債を抱えた農民の運動は東日本を中心として各地で相ついで発生していた。これらを総称して「負債農民騒擾《そうじょう》」と呼ぶ。

負債農民騒擾とは、負債を抱えた農民たちが、集合して債権者らに対して示威行動などをとることである。ごく小規模なものを含め、一八八三（明治一六）年から八五（明治一八）年までのあいだに、六四件の事件がおきたという記録が残されている。記録に残っていないものを含めればさらに多数であっただろう。

このような負債農民の運動は、当時「困民党」とか「借金党」と呼ばれていた。「党」といっても自由党や改進党のような指導部と組織を持つ政党ではない。秩父でも蜂起勢は「困民党」と呼ばれたり、名乗ったりすることもあった。秩父事件も高利貸に対して借金の減免や年賦払いを要求しているという点で、他の負債農民騒擾と共通しており、これら負債農民騒擾の一つであるということができる。しかし、多くの負債農民騒擾は、秩父事件のような大規模な武力蜂起にはいたらなかった。この点で秩父事件は他の騒擾とは異なっている。

一方、秩父事件は、加波山事件をはじめとする、一部の急進的活動家による激化事件とは隔絶した規模を持つという点で異なっている。ほとんどの激化事件は一〇名単位の自由党系活動家の陰謀に過ぎず、負債を抱えた農民のような幅広い基盤を持っていない。しかし秩父事件は、秩父郡全体、数千名の参加によって発生した蜂起であり、その鎮圧には軍隊の投入を必要とした。秩父事件とは、単なる負債農民騒擾でもなければ激化事件でもない、他に類を見ない特殊な事件であった。

「天朝様」への敵対

秩父の蜂起勢の指導部のなかには、井上伝蔵、落合寅市、高岸善吉ら自由党員がいた。彼らのうち落合、高岸は博徒でもあり、彼らの親分にあたる加藤織平も蜂起勢の幹部となっている。最高指導者田代栄作が博徒であったことはすでに述べた。また、長野県からも菊池貫平という自由党員が秩父に入り、蜂起に参加している。

落合、高岸、加藤らは負債農民の組織化に中心的な役割を担った活動家であったが、彼らが自由党に参加するのは一八八四年に入ってからである。つまり、彼らは、自由党の急進的活動家が、博徒や都市下層民といった社会の周縁部にある人びとに接近していった時期に自由党に参加してきた党員である。名古屋事件と同様、秩父事件でも、博徒と自由党員の結びつきが蜂起勢の指導部に存在する。

そして、彼らは蜂起した際も「自由党」という呼称にこだわった。参加者の一人は、逮捕後の尋問で、蜂起勢の総称は「困民党」というものかという問いに対し、「否、矢張《やはり》自由党と名称せり」と答えている。

秩父で農民が蜂起したとき、すでに自由党は解党を決定している。それにもかかわらず、参加者のなかには、一一月二日に「自由党員」となった、と供述している者さえいる。それはいわば、秩父の農民の幻想のなかにある自由党である。

坂本村の飯田米蔵は、蜂起の直前、同じ村の久保田鷲五郎から「自由党に加入すれば子供を徴兵されずに済む」と勧誘を受けた。また、蜂起が近づくと、秩父では、「金のないのも苦にしやさんすな、今に御金も自由党」という歌がうたわれたという。蜂起の最中、蜂起勢のなかには、自由党はこのたび「総理板垣公」の命令で「天下の政事を直し、人民を自由ならしめんと欲し」て兵をおこした、と述べた者がいた。これらのエピソードが示しているのは、秩父の農民を蜂起に踏み切らせたのは、本書で、「参加=解放」型の幻想と呼んできたものであったということである。「自由党」なるものへの参加によって、来るべき社会によってより安楽な暮らしが約束される、という幻想に鼓舞され、人びとは蜂起した。

自由党は、博徒など社会の周縁にあった人びとと結びついた。そして、そうした周縁的な人びとは、さらに広範な秩父農民の解放幻想と自由党を結びつけた。それぞれが夢見ていた未来は、おそらく異なっていた。しかし、現在の秩序を打ち倒し、新しい秩序を自分たちの手でつくり出せば、よりよい何かができあがるということを信じる点において、彼らは一致していた。参加動員の過程で蜂起勢の一人は、「天朝様へ敵対するから鉄砲を持ち大宮の方へ出ろ」と叫んだという。「天朝様への敵対」、すなわち現実の政府を打倒するという、通常の負債農民騒擾には越えがたい一線を越えさせたのは、政府の打倒を実際にもくろんでいた自由党の存在であった。

ところが、その自由党はすでに大阪で解党を決定していたのであった。政府は秩父の蜂起の鎮圧には軍隊までも投入せざるをえなかった。それは反政府運動を前にした政府の対応としては「最後の手段」といってもよいものであろう。「最後の手段」を繰り出されたときに、秩父の蜂起勢に勝ち目はなかった。解放幻想は軍隊によって霧散させられた。

終章

自由民権運動の終焉

自分たちの手で

自由民権運動は、「ポスト身分制社会」を自分たちの手でつくり出すことを目指した運動であった。したがって、それはポスト身分制社会の形が、まだはっきりとは見えていない時代、すなわち、近世社会と近代社会の移行期に生まれた運動であった。そして移行期が終わり、近代社会の形が定まったとき、自由民権運動は終わる。一八八四(明治一七)年秋、展望を失った自由党が解党し、秩父の農民の解放幻想が軍隊の投入によって打ち砕かれたとき、自由民権運動は終わった。

自由民権運動は、お仕着せではなく、自分たちの手で新しい社会をつくり出すことにこだわった運動だった。そうした運動がおきたきっかけは、戊辰戦争という二百数十年ぶりの戦争のなかで江戸幕府が倒れたことであった。

近世身分制社会は、個々人が集団に仕分けされ、「袋」に閉じ込められる息苦しい社会であった。戊辰戦争は、一面でそうした息苦しい「袋」に穴をあけ、人びとの新たな活動への余地をつくり、一面でこれまで一つひとつの「袋」に良くも悪くも依存しながら暮らしてきた人びとに不安をもたらした。戊辰戦争による社会の流動化は、一方で政治参加への熱意と野心を、一方で依るべき集団を失った人びととの不安を同時に引きおこした。自由民権運動はそうした熱意と野心と不安のなかから生まれた。

しかし、「自分たちの手で」という点にこだわったことに、自由民権運動の陥った落とし穴があったともいえる。つまり、政府もまた、憲法を持ち、議会を通じた政治参加の仕組みを備えた社会を構想していたとき、あくまで自分たちの手での新しい社会づくりにこだわったことによって、政府と民権派の対抗関係は、来るべき社会の構想をめぐる競争ではなく、来るべき社会をつくる担い手をめぐる抗争になってしまったからである。「自分たちの手で新しい社会を」という運動の目標は、政府が一八八一(明治一四)年に、一〇年後の国会開設を宣言したとき、「お前たちにやらせるのは気に食わない」に転じてしまい、結局のところ「自分たちにやらせろ」という主張に行き着いてしまう。

政府が新しい舞台を着々とつくり上げているとき、そうした民権家の運動についていったのは、できあがりつつある社会の枠組みからこぼれ落ちつつある人びとであった。新しい舞台に乗ることができそうな地方の有力者たちは運動から離れていった。運動の資金源は当然涸渇する。そして、民権家とそうした周縁的な人びとの共鳴は、成功の見込みのない、いくつかの武装蜂起事件を引きおこし、自由民権運動は終わりを迎える。

かつての民権家たちのその後は、もはや自由民権運動の歴史ではなく、それとは別に語られねばならない。自由民権運動からみれば、それらはすべて後日談である。

朝鮮へ

後日談の一つに朝鮮半島をめぐる民権家たちの動きがある。

自由党解党直前の一八八四年(明治一七)年九月九日、板垣退助と後藤象二郎は駐日フランス公使館に、フランス公使のJ・A・シェンケヴィチを訪問した。板垣らは公使に対し、朝鮮王国から宗主国である清国の影響力を排除するため、朝鮮政府内の改革派を支援する計画を彼らが有していることを語り、それに必要な資金を、当時、清国と戦争中(清仏戦争)であったフランスに供与してもらいたいと申し出た。フランス公使はこの申し出を受け入れるとも拒否するとも言わなかった。

板垣・後藤はおそらくフランスの金で自由党の急進的な活動家を朝鮮半島に派遣する計画だったのだろう。当然、フランス公使にとっては、このような日本の対外政策にかかわる計画が日本政府の了解のもとにおこなわれているのかどうかが関心の的であった。フランス公使はフランス政府に「板垣と後藤両氏が、私個人のえた情報によりますと、一般に信じられている以上に政府と和解しようとしております」と報告している。フランス公使は板垣・後藤が政府の暗黙の了解を得ている、と見たのである。

このフランス公使の判断を裏づけるように、後藤象二郎はこの計画を伊藤博文に漏らした。ついうっかり、などということは考えにくいだろう。おそらく、すくなくとも後藤は、この計画を手土産に政府に復帰するつもりだった。しかし、伊藤はこの後藤の計画には乗らなかった。伊藤は外務卿井上馨と協議して、自由党の手を借りずに朝鮮改革派援助に乗り出し、これが一八八四年一二月の、金玉均《キムオクキュン》らによるクーデタ未遂事件(甲申事変)につながっていく。

小林樟雄．出典『伯爵後藤象二郎』

後藤・板垣の朝鮮クーデタ計画が失敗したのちも、この計画をあきらめきれなかった人物がいた。岡山県の民権家小林樟雄《こばやしくすお》である。小林はフランス語の知識があり、そのため後藤・板垣とフランス公使の会談の段取りをつける役割を担っていた。小林は自由党幹部の一人、大井憲太郎らと協議し、茨城、富山、神奈川など各地の旧自由党の活動家を組織し、朝鮮でふたたびクーデタをおこす計画を立案する。

その内容とは、活動家二十数名が朝鮮にわたって、親清国派の朝鮮政府首脳を殺害、金玉均らによる改革派政権を樹立することであった。その結果として日本と清国とのあいだには軍事的緊張が避けられなくなる。その緊張を利用して、国内で民権派が蜂起し、政府を打倒する、という計画であった。計画は露顕し、一八八五(明治一八)年、大阪、長崎などで大井憲太郎をはじめとする一三九名が逮捕された。いわゆる「大阪事件」である。

一見して実現性の薄い計画である。しかも隣国朝鮮を利用しての国内革命計画であった。ここには、国内での展望を失った民権家たちが、対外進出に向かう姿が浮かび上がってくる。

星　亨

一八八九(明治二二)年二月一一日、大日本帝国憲法が発布された。憲法発布にともない大赦がおこなわれ、監獄に収監されていた政治犯が多数釈放された。そのなかには、福島事件の河野広中も、大阪事件の大井憲太郎も含まれていた。

翌一八九〇(明治二三)年、第一回衆議院議員選挙がおこなわれ、かつての民権家たちの幾人かは議会に議席を得た。旧自由党系の議員たちは立憲自由党(翌年、「自由党」と改称)を結成する。

初期の帝国議会では、自由党は予算案をめぐって政府と激しく対立した。自由党は「民力休養」を掲げ、政府が提出する予算案の規模が大きすぎると批判したのである。だが、一八九三(明治二六)年の第四議会を契機に、自由党は政府との協調路線に転じ、予算案の拡大に一定の支持を示すようになる。こうした自由党の変化の背景には、道路や鉄道網の整備、河川の修築など、積極的な財政支出による経済発展を希望する地方の有力者の動向があった。新しい舞台に乗ることができた人びとは、自由民権運動とは異なるスタイルの政党を求めたのである。

星亨．出典『近世名士写真 其 2』

自由党の方針転換を、辣腕をもって主導したのは、かつて自由民権運動の末期に私財をなげうって自由党を支えた星亨であった。一八九八(明治三一)年、山県有朋が内閣を組織するにあたり、山県内閣と自由党を提携させようとした星は、陸軍大臣桂太郎を動かし、陸軍大演習に板垣退助を招待させる。板垣は陸軍の名馬にまたがり、山県と轡《くつわ》を並べ大演習を観覧した。板垣のカリスマ性が最後まで軍事英雄としてのそれに支えられていたことを示すエピソードである。

しかし星は、かつての民権家たちを決して見捨てなかった。むしろ、星は、かつての民権家たちを見捨てなかったからこそ政府と提携したのである。新しい社会をつくることに生涯を賭けてしまった民権家たちは、結局その試みに失敗し、当時は「壮士」と呼ばれる自由党の院外活動家集団を構成していた。星は彼らを食わせなければならなかった。彼らを食わすためには金が必要であり、権力が必要であった。壮士を食わせるためには、自由党は野党であり続けることはできなかったのである。

その結果、星は権力と金の亡者、汚職政治家の名を負い、一九〇一(明治三四)年六月二一日、東京市庁舎で暗殺される。暗殺者伊庭想太郎《いばそうたろう》の「斬奸状《ざんかんじょう》」は、星を収賄の罪を犯した「醜類の首領」として批判している。

星亨は都市下層民の出身であり、苦学してイギリスに留学し、代言人(弁護士)となった人物である。そして代言人としての安定した地位を捨て、自由党に参加したという経歴を持つ。

一八八四(明治一七)年三月、板垣が提案した一〇万円募金計画に対し、わずかに一九〇〇〇円余りの募金しか集まらなかったことが明らかになったとき、代表一人ひとりを問いつめ、四月末までに集金可能な額を答えさせたのは星であった。しかし、その金額が集まることはついになかったのである。

後年、自由党の領袖として金と権力とを追求した星の脳裏に、このときの経験がよぎることはなかったであろうか。各地の自由党員たちが、政府転覆の旗印のもと、実質的には活動資金獲得のための強盗にすぎない行動に走らざるをえなかったのは、一〇万円が集まらなかったからではないのか。あのとき、一〇万円さえ集まっていれば、自由党員たちが自暴自棄な蜂起計画に向かってしまうことはなかったのではないか。結局、急進派党員たちが命を落とさざるをえなかったのは、金がなかったからではないのか。金がなかったゆえに見殺しにせざるをえなかった民権家たちのことを、「醜類の首領」と断ぜられた後年の星が思いおこすことはなかっただろうか。

憲法を待ちつづけて

自由党は、一九〇〇(明治三三)年に、藩閥政府のリーダー伊藤博文を党首に戴き、立憲政友会に改組される。その翌年に命を落とした星の政治的遺産を継承したのは原敬《はらたかし》である。原は星がつくり上げた、地方の社会資本整備を通じた支持調達のメカニズムの上に立ち、政友会を強力な政党に育てあげ、日本の政党政治の時代を切り拓く。

自由民権運動の時代、その原敬は民権運動からは距離を置いていた。一八八一(明治一四)年、

原敬．出典『画譜 憲政五十年史』

当時『郵便報知新聞』の記者だった原敬は、東北地方をめぐり、各地での見聞を紙上に連載している。同年七月二八日の記事では、その前月におきた秋田事件に触れている。原は言う。秋田での事件は東京では騒ぎになっているが、現地で見聞するとそれはほとんど児戯にも等しい事件である。柴田のようなみずから民権家をもって任じる人物が、貧しい人びとを惑わし、強盗をそそのかすとは、むしろ民権の名を汚すものである、と。

原の言うことは、あるいは正しいのかもしれない。悪乗りと言ってもよいような演説会や撃剣会で盛り上がり、誇大妄想のような政府転覆計画に熱中し、挙げ句の果てに運動資金獲得のためと称する強盗事件をおこす民権家たち。そして、彼らの多くの私生活は酒と遊郭通いに明け暮れる荒廃したものだった。

しかし、そうした運動が、あるひろがりをもって存在したことには、その醜い側面も含め、それなりの歴史的根拠がある。近世社会の秩序がこわれ、近代社会の秩序が生まれる移行期に生きた人びとの不安と希望とに、自由民権運動は確かに支えられていたのである。

秋田事件の舞台となった阿気村に小松田吉五郎という農民が住んでいた。秋田立志会の会員であった。彼の理解したことは、自由民権とは憲法をつくることであり、そして憲法が発布されれば生活は楽になって、貧乏人はいなくなるはずである、ということであった。

大日本帝国憲法が発布された後、吉五郎は「いつ憲法発布があるのか」と人びとに聞いてまわっていた。人びとが憲法はもう発布されたと言っても吉五郎は信じない。なぜなら、憲法が発布されれば自分は貧乏でなくなるはずだから。そう言って、彼は憲法を待ち続けて一生を終わったという。

自由党は解党し、秩父の蜂起は鎮圧され、その後二つの憲法が発布され、数多くの政党が生まれては消え、いくつもの戦争があった。自由民権運動はすでに終わった過去の歴史的出来事である。そのことを踏まえたうえで、それでもなお、自由民権運動が追求した課題のなかに、今日なお終わっていないものがあるとするならば、それは安楽な暮らしを待ち望み、その意味での「憲法」を待ち続けた秋田の一農民の夢なのではないだろうか。

おわりに

本書は自由民権運動に冷淡にすぎたかもしれないと思う。

本書の原型は、二〇一三年に『岩波講座　日本歴史第一五巻　近現代1』に執筆した「地方自治制と民権運動・民衆運動」であるが、この論文のための研究と執筆は、二〇一一年の東日本大震災後の錯綜した政治の動きを横目にみながら進められた。その間、反原発デモにはじまり、特定秘密保護法反対運動、そして安保法制反対運動と、少なくともそれ以前に比べれば、相対的に「運動の季節」と言えるような時期が到来したように、私には思われた。

しかし、そうした運動にかかわる人びとの議論のなかで、なんとも後味の悪い応酬を、主としてネット上で目にすることが一再ならずあった。運動のなかには、運動内部でしか通用しない論理をふりかざし、運動内部と外部を切断してしまうような言辞を吐く人びとがいるように思われた。本来、そうした運動にシンパシーを持っていてもいいような人びとを遠ざけ、むしろ運動の潜勢力を失わせているように見えた。そうした現在進行中の運動のあり方が、自由民権運動の敗走の過程と重なって見えなかった、といったら嘘になる。

その反面で、本書は自由民権運動に優しすぎたかもしれないと思う。近代日本を建設したのは先見の明ある政治家と官僚たちなのであって、自由民権運動など近代化の紆余曲折のなかで生じた一エピソードに過ぎないと割り切って書くこともできたかもしれない。しかしそうした割り切りも私にはできなかった。少しでも生きやすい世の中を自分たちの手でつくりたい、という自由民権運動を支えていた人びとの欲求は、また私のなかで完全には失われていない欲求でもあったからだろう。

「〈デモクラシー〉の夢と挫折」という本書のタイトルは、こうした二面性に由来する。

本書で強調したように、自由民権運動は遠い過去に属する運動であり、そこから現在の社会につながる問題を無理やり引き出そうとしても、あまり意味はない。しかし、遠く離れた過去であるがゆえに、私たちは、運動というものが否応なく抱えてしまうあれやこれやの問題や、運動が広がっていくときにそれをささえるものは何なのかといったことを、より一般的な形で、より冷静に受け取ることはできるだろう。本書が、「なんとかならないものか」と思いつつ日々を送る読者の手にわたり、何らかの示唆につながれば、と思う。

本書の刊行にあたっては、慶應義塾大学経済学部の同僚、井手英策氏と坂井豊貴氏に感謝したい。お二人の熱心な勧めがなければ、本書を刊行する決心はつかなかったかもしれない。

また、史料データセッション研究会では本書の草稿を検討していただき、赤江達也氏、赤江雄一氏、加島卓氏、木村直恵氏、酒井泰斗氏からご意見をいただいた。前田亮介氏には、政治史の専門家として原稿を通読していただき、本書の抱える問題点について指摘を頂戴した。それぞれ貴重な時間を割いて原稿の質の向上にご協力いただいたことに、深く感謝したい。そして、岩波書店の永沼浩一氏に、御礼を申し上げたい。

私がはじめて自由民権運動に関心をもったのは、おそらく小学生のときに読んだ、なだいなだ『TN君の伝記』だったと思う。以来つねに関心を寄せつつも、正面から向かうことなく回避しつづけてきたテーマでもある。依然、私にとって手に負えない大きな課題であったかもしれないという不安は残る。研究範囲の広さからして一つひとつ史料を確認することは困難で、多くの点は先学の研究に依存した。しかし、自由民権運動の歴史的な位置づけが必ずしも明瞭ではない今日の研究状況において、先行研究によって明らかにされた知見に依拠しつつ、一つの見取り図を提出してみることも無意味なことではないと信じる。読者の叱正を待ちたい。

二〇一六年五月

松沢裕作

文献解題

本書の執筆にあたっては、多くの先行研究に依存しつつ、必要な箇所については筆者自身が史料を確認する方針をとった。以下、本書が依拠した情報源について紹介することとしたい。

1　先行研究

全体にかかわるもの・はじめに

色川大吉『自由民権』(岩波新書、一九八一年)は自由民権運動史の古典であり、いまなお学ぶべき点は少なくない。本書ではとりわけ結社の歴史的意義を強調する視点をこの本から継承している。

牧原憲夫『客分と国民のあいだ』(吉川弘文館、一九九八年)は、自由民権運動と民衆の意識のズレ、それにもかかわらず両者の間に生まれる「スパーク」を描いた著作。今日の自由民権運動観の基礎となる研究である。本書で言及した愛媛県八幡浜の演説会の隆盛は、この著作で紹介されている。

本書のキーワードとなっている「戊辰戦後デモクラシー」というアイディアは、近代日本の政治参加の拡大がいずれも戦争のあとに起きているということを指摘した三谷太一郎『近代日本の戦争と政治』(岩波書店、一九九七年)に由来している。

本書の主要な登場人物の一人、河野広中の行動については長井純市『河野広中』(吉川弘文館、二〇〇九年)に多くを拠った。また、繰り返し登場する名古屋の旧草莽隊員・博徒については、長谷川昇『博徒と自由民権』(中公新書、一九七七年。のち平凡社ライブラリー、一九九五年)に依拠している。社会の周縁に位置する人々の自由民権運動参加という斬新な視点を打ち出した著作であったが、残念ながらその後の研究史でこの点が深められたとは言えず、本書はこの著作の視角を筆者なりに継承しようとしたものである。

第一章　戊辰戦後デモクラシー

高知藩の藩政改革については、後藤靖『士族反乱の研究』(青木書店、一九六七年)と小林和幸『谷干城』(中公新書、二〇一一年)に詳しい。近世の軍事制度と都市下層民の位置づけ、幕末の軍制改革については久留島浩「近世の軍役と百姓」(『日本の社会史　第四巻』岩波書店、一九八六年)、吉田伸之『日本の歴史一七　成熟する江戸』(講談社、二〇〇二年)、熊澤徹「幕府軍制改革の展開と挫折」(『シリーズ日本近現代史1　維新変革と近代日本』岩波書店、一九九三年)から概要を知ることができるだろう。

征韓論政変と西郷・板垣の位置づけについては、高橋秀直「征韓論政変と朝鮮政策」(『史林』七五

―一二、一九九二年)、高橋秀直「征韓論政変の政治過程」(『史林』七六―五、一九九三年)、大島明子「1873(明治六)年のシビリアンコントロール」(『史学雑誌』一一七―七、二〇〇八年)、友田昌宏『未完の国家構想』(岩田書院、二〇一一年)を参照した。とくに大島の論文は「軍事英雄」板垣という位置づけを考えるうえで必読である。

第二章　建白と結社

当時盛んにおこなわれた「建白」活動については、牧原憲夫『明治七年の大論争』(日本経済評論社、一九九〇年)に詳しい。民撰議院論争が新聞の性格を変え、近代日本の政治文化の画期となったことを指摘し、自由民権運動史に新潮流をもちこんだのは稲田雅洋『自由民権の文化史』(筑摩書房、二〇〇〇年)である。牧原憲夫の著書とともに、演説会研究史上においても欠かせない位置を占める。民撰議院論争での議論の幅の狭さについて指摘したのは鳥海靖『日本近代史講義』(東京大学出版会、一九八八年)。一方、西村茂樹の議会構想を紹介し、それに収斂されない議論のあり方を示した研究が河野有理『明六雑誌の政治思想』(東京大学出版会、二〇一一年)。論争における古沢滋の果たした役割の大きさは古沢滋稿(広瀬順皓・星健一翻刻・解題)「資料紹介「加藤弘之へ答フル書」英文草稿」(『参考書誌研究』七、一九七三年)からうかがえる。

結社の総数は新井勝紘「自由民権と近代社会」(新井勝紘編『日本の時代史二二　自由民権と近代社会』

吉川弘文館、二〇〇四年)による。

立志社については外崎光弘『土佐の自由民権』(高知市民図書館、一九八四年)、外崎光広「立志社規則の変遷」(『高知短期大学研究報告 社会科学論集』三五、一九七八年)が詳しい。西南戦争時の動向については、外崎が一部県外社員のみが挙兵に動いたとするのに対し、福地惇「立志社の挙兵計画について」(『日本歴史』五三一、一九九二年)は立志社首脳が挙兵に傾いていたことを強調する。

河野広中の設立した結社については滝沢洋之「石陽社創立年代についての一考察」(『福大史学』四六・四七、一九八九年)がそれ以前の研究の誤りを正している。区・戸長たちの結社「七名社」は松沢裕作「古沢花三郎と明治前期の地方政治」(渡辺尚志編著『近代移行期の名望家と地域・国家』名著出版、二〇〇六年)での研究をもとにした。

愛国社の設立、大阪会議、自助社の「通諭書事件」、板垣の政府離脱に至る経緯については、森山誠一「愛国社創立大会(明治八年二月・大阪)の出席者について」(『金沢経済大学論集』第21巻第2・3合併号、一九八七年)、稲田正次『明治憲法成立史 上巻』(有斐閣、一九六〇年)、坂野潤治『日本憲政史』(東京大学出版会、二〇〇八年)、手塚豊「阿波自助社「通諭書」事件とその裁判」(手塚豊編著『近代日本史の新研究 Ⅱ』北樹出版、一九八三年)を主として参考にした。

土佐派の運動を「わりこむ運動」として描くという視点は、升味準之輔『日本政党史論 1』(東京大学出版会、一九六五年)にもとづく。日本政治史の古典であるが、その視角はいまなお新鮮である。

第三章　「私立国会」への道

愛国社再興大会については、長谷川昇「愛国社再興議事録」(『歴史評論』八六、一九五七年)、小田康徳「愛国社再興大会に関する新出の記録と文書および当該期大阪における民権運動関係記事」(『大阪電気通信大学研究論集(人文・社会科学編)』三二、一九九七年)に拠った。

愛国社再興大会以降の愛国社系結社の動向は内藤正中『自由民権運動の研究』(青木書店、一九六四年)に詳しい。内藤の研究以降、愛国社系結社の研究者における評価は概して低かったが、坂野潤治「「愛国社路線」の再評価」(『社会科学研究』三九―四、一九八七年)、坂野潤治『大系日本の歴史一三　近代日本の出発』(小学館、一九八九年)が、「私立国会論」を掲げる愛国社を再評価する視角を打ち出して以来、愛国社・国会期成同盟の研究は大きく進展した。基礎的な事実の確定という点では、森山誠一「国会期成同盟の研究(1)(2)」(『金沢経済大学経済研究所年報』6、10、一九八六年、一九九〇年)、森山誠一「集会条例後の愛国社」(『金沢経済大学論集』26―1・2、一九九二年)の功績が大きい。坂野の視角を批判的に継承した飯塚一幸「国会期成同盟第二回大会の再検討」(『九州史学』一四三、二〇〇五年)、飯塚一幸「国会期成同盟第二回大会と憲法問題」(『大阪大学大学院文学研究科紀要』五一、二〇一一年)とともに、本書における国会期成同盟や、非愛国社系勢力の動向に関する叙述はこれらの先行研究に依拠している。

愛国社主流と距離を置く九州派の動向については、馬原鉄男「自由民権運動に於ける玄洋社の歴史的評価」(『日本史研究』二八、一九五六年)、堤啓次郎「向陽社——筑前共愛公衆会と九州連合会」(『歴史評論』四一七、一九八五年)、石瀧豊美『玄洋社・封印された実像』(海鳥社、二〇一〇年)を参照した。

群馬県の結社の動向は『群馬県史 通史編7 近代現代1』(一九九一年)に記述がある。杉田定一を中心とした越前の運動については大槻弘『越前自由民権運動の研究』(法律文化社、一九八〇年)。交詢社については川崎勝「交詢社設立についての一考察」、福井淳「交詢社と自由民権運動」、中嶋久人「交詢社結成の社会的意義」(いずれも『近代日本研究』二二、二〇〇五年)にもとづく。嚶鳴社については福井淳「嚶鳴社の構造的研究」(『歴史評論』四〇五、一九八四年)、福井淳「多彩な結社の活動」(江村栄一編『近代日本の軌跡2 自由民権と明治憲法』吉川弘文館、一九九五年)に詳しい。集会条例に対する各結社の対応も福井氏の研究にもとづく。

国会期成同盟第三回大会から自由党結成にいたる過程については江村栄一『自由民権革命の研究』(法政大学出版局、一九八四年)が詳細を明らかにしている。江村栄一「「嚶鳴社憲法草案」の確定および「国会期成同盟本部報」の紹介」(『史潮』一一〇・一一一、一九七二年)も併せて参照した。

現在発見されている私擬憲法は家永三郎・松永昌三・江村栄一編『新編明治前期の憲法構想』(福

村出版、二〇〇五年）に網羅的な紹介がある。いわゆる「五日市憲法」については色川大吉・江井秀雄・新井勝紘『民衆憲法の創造』（評論社、一九七〇年）が分析を加えている。

第四章　与えられた舞台

明治一四年政変の政治過程は大久保利謙「明治十四年の政変」（『大久保利謙歴史著作集二　明治国家の形成』吉川弘文館、一九八六年）が基本文献である。

自由党の結成過程については、前章であげた江村の研究に加え、渡辺奨「自由民権運動における都市知識人の役割(1)」（『歴史評論』一六五、一九六四年）、中嶋久人「都市民権派結社国友会の活動・構成」（『民衆史研究』三一、一九八六年）が、自由党に合流する都市知識人結社の動向を描写している。自由党の活動については寺崎修『明治自由党の研究　上巻』（慶應通信、一九八七年）に依拠した。

一方の立憲改進党については、大日方純夫『自由民権運動と立憲改進党』（早稲田大学出版部、一九九一年）、安在邦夫『立憲改進党の活動と思想』（校倉書房、一九九二年）、五百旗頭薫『大隈重信と政党政治』（東京大学出版会、二〇〇三年）、勝田政治『小野梓と自由民権』（有志舎、二〇一〇年）などの研究がある。とくに府県会における改進党の優位と改進党の政策方針の関係を明らかにしたものとして、伊藤隆「明治十年代前半に於ける府県会と立憲改進党」（『史学雑誌』七三―六、一九六三年）は五〇年以上前の論文であるが、なおその意義を失っていない。

自由・改進両党に収斂しない関西・九州の民権派の独自の動向については、原田久美子「関西における民権政党の軌跡」(『歴史評論』四一五、一九八四年)、竹田芳則「立憲政党の展開と近畿の自由民権運動」(『ヒストリア』一〇七、一九八五年)、水野公寿「九州改進党の結成について」(『近代熊本』二二、一九八三年)が明らかにしている。

地方三新法の発布と府県会における民権派の活動については、三重県会の事例をあつかった大江志乃夫『明治国家の成立』(ミネルヴァ書房、一九五九年)や、府県会で発生した紛議の全体像から法改正の背景を論じた居石正和「三新法体制期の府県会制度」(『同志社法学』三五―四、一九八三年)が重要な業績である。また、府県会規則に抵触して解散させられた「土佐州会」については、家永三郎『植木枝盛研究』(岩波書店、一九六〇年)、森田敏彦「自由民権運動と地方自治」(『海南史学』七、一九六九年)が詳しく紹介している。

福島事件については、大石嘉一郎「自由民権運動の発展と福島事件」(『自由民権と大隈・松方財政』東京大学出版会、一九八九年)がその全体像を描写したものである。会津三方道路をめぐる利害対立と補助金の問題は、有泉貞夫『明治政治史の基礎過程』(吉川弘文館、一九八〇年)、長妻廣至『補助金の社会史』(人文書院、二〇〇一年)で触れられている。

板垣洋行問題については、尾佐竹猛『明治政治史点描』(育生社、一九三八年)、彭澤周「板垣退助の外遊費の出所について」(『日本史研究』七五、一九六四年)、平井良朋「板垣退助欧遊費の出資者に就いて」(『日本歴史』二三八、一九六八年)、田中由貴乃「板垣洋行問題と新聞論争」(『佛教大学大学院紀要 文学研究科篇』四〇、二〇一二年)などで一連の経緯が明らかとなっている。

第五章　暴力のゆくえ

いわゆる激化事件の全体像とそれぞれの事件の研究の現状については、高島千代「激化事件研究の現状と課題」(高島千代・田﨑公司編『自由民権〈激化〉の時代』日本経済評論社、二〇一四年)を参照されたい。

本書で重視した秋田事件については、佐々木金一郎『秋田立志会暴動記』(横手郷土史編纂会、一九五八年)が、故老の聞き取りなども含み史料的価値が高い。本文末尾で紹介した憲法を待ち続ける老人のエピソードも同書に紹介されている。秋田近代史研究会編『秋田県の自由民権運動』(みしま書房、一九八一年)に所収の諸論考が柴田浅五郎と秋田立志会の活動を詳しく明らかにしている。国会期成同盟第二回大会における柴田の動向については家永三郎「自由民権に関する新史料」(『史学雑誌』七一―一一、一九六二年)。本書の主張とは異なり、秋田事件を警察による捏造・謀略事件と位置づける研究として長沼宗次『改訂版 夜明けの謀略』(西田書店、二〇一二年)がある。

激化事件を、社会のなかで周縁化してゆく民権家と松方デフレのなかで危機に立つ民衆の遭遇として描いた安丸良夫『文明化の経験』(岩波書店、二〇〇七年)は、本書の激化事件の位置づけの基礎となった著作。帰国後の板垣の動向については真辺美佐「民権派とヨーロッパの邂逅」(小風秀雅・季武嘉也編『グローバル化のなかの近代日本』有志舎、二〇一五年)、その後の自由党解党へ向かう党内情勢については、本書の記述はおおむね前章で挙げた寺崎修の研究を踏襲している。

負債農民騒擾については稲田雅洋『日本近代社会成立期の民衆運動』(筑摩書房、一九九〇年)。秩父事件についての研究は多いが、いまだ井上幸治『秩父事件』(中公新書、一九六八年)をこえるものはないと言ってよかろう。

終章　自由民権運動の終焉

大阪事件については、大阪事件研究会編著『大阪事件の研究』(柏書房、一九八二年)、彭澤周「朝鮮問題をめぐる自由党とフランス」(『歴史学研究』二六五、一九六二年)。自由党の「その後」については有泉貞夫『星亨』(朝日新聞社、一九八三年)。とりわけ有泉の著書は、運動や政治にかかわって生きる、とは何を意味するのかについて思索をめぐらす際に、ぜひ手に取ってほしい一冊である。

2　史料

自由民権運動の基本史料は一九一〇年に刊行された『自由党史』(板垣退助監修、遠山茂樹・佐藤誠朗校訂、岩波文庫、一九五七年)であるが、錯誤ないし意図的な歪曲が多く、そのまま依拠することはできない。『自由党史』の誤りを一つひとつ正していくことが自由民権運動史研究のあゆみでもあった。ただし、岩波文庫の校訂版は同書中の引用史料の出典を明らかにしており、史料の索引として有用である。

主要人物の伝記としては、宇田友猪(公文豪校訂)『板垣退助君傳記 第一巻』(原書房、二〇〇九年)、中山儀助編『河野磐州伝』(河野磐州伝刊行会、一九二七年)を利用した。

「立志社始末紀要」(『植木枝盛集 第十巻』岩波書店、一九九一年)は、植木枝盛の手になる立志社の記録。立志社設立から愛国社期にかけての土佐派の動向を知るうえでの基本史料である。

『自由民権機密探偵史料集』(井出孫六・我部政男・比屋根照夫・安在邦夫編、三一書房、一九八一年)は、国立公文書館所蔵史料を活字化したもので、とくに激化事件前後の活動家の内情を知ることができる。

各地方の自治体史はいずれもその地方の自由民権運動を知るうえで有用な文献であるが、とくに『福島県史 第11巻 資料編六 近代資料1』(一九六四年)は、福島県庁文書をはじめ、福島事件に関する史料を網羅したものとして、自由民権運動史研究には欠かせない。

以下、その他各章で利用した史料を一覧として掲げておく。

第一章

「大日本維新史料稿本」三九七、東京大学史料編纂所所蔵
「山内豊範家記　東征記巻之二」東京大学史料編纂所所蔵、四一七五―一一七二
『三春町史　第九巻　近世資料2』一九八一年
『河野広中関係文書』119「藩政府改革意見書」国立国会図書館憲政資料室所蔵
『谷干城遺稿　一』(続日本史籍協会叢書、一九七五年)
『保古飛呂比　佐佐木高行日記　四』(東京大学史料編纂所編纂、東京大学出版会、一九七三年)
『大西郷全集　二』一九二七年
『大久保利通文書　五』一九二八年

第二章

『保古飛呂比　佐佐木高行日記　六・七』(東京大学史料編纂所編纂、東京大学出版会、一九七五年)

第三章

『河野広中文書』141「公会決議録」国立国会図書館憲政資料室所蔵

『福岡県史 近代史料編 自由民権運動』一九九五年
『杉田定一関係文書』０１４-０３２「法理研究所緒言綴」大阪経済大学所蔵
『長野県自由民権運動 奨匡社資料集』(有賀義人・千原勝美編、一九六三年)
「国会開設論者密議探聞書」(明治文化研究会編『明治文化全集 第二二巻 雑史篇』日本評論社、一九二九年)

第四章

『大隈文書』「今政十宜」早稲田大学図書館所蔵、Ａ１０６
『河野広中文書』「土佐州会決議 府県会規則改正ノ願望書」「州会規則」国立国会図書館所蔵、１５４、１５５
「公文録」明治一二年三月、内務省二(国立公文書館所蔵)
『大隈文書』「土佐授産事件探偵書類」早稲田大学図書館所蔵、Ａ１２８５
『大隈文書』「三重県会議員自ラ解職帰郷ノ顛末上申書」早稲田大学図書館所蔵、Ａ６４１
「明治十五年度福島県会議事筆記」東京大学社会科学研究所所蔵
『伊藤博文関係文書 一』(伊藤博文関係文書研究会編、塙書房、一九七三年)

第五章

『横手市史　史料編　近現代1』二〇〇八年
「三島通庸関係文書」「自由党遊説ノ新趣向」「在京自由党員ノ挙動」国立国会図書館憲政資料室所蔵、四九六―二三・二五
『加波山事件』（野島幾太郎、平凡社、一九六六年）
『加波山事件関係資料集』（稲葉誠太郎編、三一書房、一九七〇年）
「秩父暴徒関係書類」「埼玉県行政文書」明九四八、埼玉県立文書館所蔵
『秩父事件史料集成　第一巻・第二巻』（井上幸治・色川大吉・山田昭次編、二玄社、一九八四年）

新聞および雑誌

『東京日日新聞』明治七年二月一五日「一寒生投書」
『日新真事誌』明治七年一月二七日「谷中潜投書」
『明六雑誌』第三号、明治七年三月（森有礼「民撰議院設立建言書之評」）
『大阪日報』明治一三年三月二三日、明治一三年三月三一日、明治一三年九月二九日
『自由新聞』明治一五年九月二八日（「板垣退助言行略」）、明治一五年一一月一日（「国会ナキノ県会」）、明治一六年八月二六日、明治一七年八月二〇日

松沢裕作

1976年東京生まれ
1999年東京大学文学部卒業，2002年同大学院人文社会系研究科博士課程中途退学，東京大学史料編纂所助教，専修大学経済学部准教授を経て，
現在—慶應義塾大学経済学部准教授
専門—日本近代史，とくに近世・近代移行期の村落社会史研究
著書—『町村合併から生まれた日本近代——明治の経験』講談社選書メチエ，『重野安繹と久米邦武』山川出版社，『明治地方自治体制の起源——近世社会の危機と制度変容』東京大学出版会，「地方自治制と民権運動・民衆運動」『岩波講座 日本歴史第15巻 近現代1』岩波書店ほか

自由民権運動
〈デモクラシー〉の夢と挫折　　岩波新書(新赤版)1609

2016年6月21日　第1刷発行

著　者　松沢裕作《まつざわゆうさく》

発行者　岡本　厚

発行所　株式会社 岩波書店
〒101-8002 東京都千代田区一ツ橋2-5-5
案内 03-5210-4000　営業部 03-5210-4111
http://www.iwanami.co.jp/

新書編集部 03-5210-4054
http://www.iwanamishinsho.com/

印刷・精興社　カバー・半七印刷　製本・中永製本

ISBN 978-4-00-431609-1　　Printed in Japan

岩波新書新赤版一〇〇〇点に際して

ひとつの時代が終わったと言われて久しい。だが、その先にいかなる時代を展望するのか、私たちはその輪郭すら描きえていない。二〇世紀から持ち越した課題の多くは、未だ解決の緒を見つけることのできないままであり、二一世紀が新たに招きよせた問題も少なくない。グローバル資本主義の浸透、憎悪の連鎖、暴力の応酬――世界は混沌として深い不安の只中にある。

現代社会においては変化が常態となり、速さと新しさに絶対的な価値が与えられた。消費社会の深化と情報技術の革命は、種々の境界を無くし、人々の生活やコミュニケーションの様式を根底から変容させてきた。ライフスタイルは多様化し、一面では個人の生き方をそれぞれが選びとる時代が始まっている。同時に、新たな格差が生まれ、様々な次元での亀裂や分断が深まっている。社会や歴史に対する意識が揺らぎ、普遍的な理念に対する根本的な懐疑や、現実を変えることへの無力感がひそかに根を張りつつある。そして生きることに誰もが困難を覚える時代が到来している。

しかし、日常生活のそれぞれの場で、自由と民主主義を獲得し実践することを通じて、私たち自身がそうした閉塞を乗り超え、希望の時代の幕開けを告げてゆくことは不可能ではあるまい。そのために、いま求められていること――それは、個と個の間で開かれた対話を積み重ねながら、人間らしく生きることの条件について一人ひとりが粘り強く思考することではないか。その営みの糧となるものが、教養に外ならないと私たちは考える。歴史とは何か、よく生きるとはいかなることか、世界そして人間はどこへ向かうべきなのか――こうした根源的な問いとの格闘が、文化と知の厚みを作り出し、個人と社会を支える基盤としての教養となった。まさにそのような教養への道案内こそ、岩波新書が創刊以来、追求してきたことである。

岩波新書は、日中戦争下の一九三八年一一月に赤版として創刊された。創刊の辞は、道義の精神に則らない日本の行動を憂慮し、批判的精神と良心的行動の欠如を戒めつつ、現代人の現代的教養を刊行の目的とする、と謳っている。以後、青版、黄版、新赤版と装いを改めながら、合計二五〇〇点余りを世に問うてきた。そして、いままた新赤版が一〇〇〇点を迎えたのを機に、人間の理性と良心への信頼を再確認し、それに裏打ちされた文化を培っていく決意を込めて、新しい装丁のもとに再出発したいと思う。一冊一冊から吹き出す新風が一人でも多くの読者の許に届くこと、そして希望ある時代への想像力を豊かにかき立てることを切に願う。

（二〇〇六年四月）

岩波新書より

ああダンプ街道　佐久間充
山が消えた 残土・産廃戦争　佐久間充
少年犯罪と向きあう　石井小夜子
自白の心理学　浜田寿美男
原発事故はなぜくりかえすのか　高木仁三郎
プルトニウムの恐怖　高木仁三郎
能力主義と企業社会　熊沢誠
証言 水俣病　栗原彬編
コンクリートが危ない　小林一輔
東京国税局査察部　立石勝規
バリアフリーをつくる　光野有次
ドキュメント 屠場　鎌田慧
現代社会と教育　堀尾輝久
原発事故を問う　七沢潔
災害救援　野田正彰
ボランティア もうひとつの情報社会　金子郁容
スパイの世界　中薗英助
都市開発を考える　大野輝之・レイコ・ハベ・エバンス

ディズニーランドという聖地　能登路雅子
原発はなぜ危険か　田中三彦
世直しの倫理と論理 上・下　小田実
異邦人は君ヶ代丸に乗って　金賛汀
読書と社会科学　内田義彦
資本論の世界　内田義彦
社会認識の歩み　内田義彦
科学文明に未来はあるか　野坂昭如編著
働くことの意味　清水正徳
一九六〇年五月一九日　日高六郎編
暗い谷間の労働運動　大河内一男
住宅貧乏物語　早川和男
食品を見わける　磯部晶策
社会科学における人間　大塚久雄
社会科学の方法　大塚久雄
農の情景　杉浦明平
ルポルタージュ 台風十三号始末記　杉浦明平
日本人とすまい　上田篤
自動車の社会的費用　宇沢弘文

「成田」とは何か　宇沢弘文
戦没農民兵士の手紙　岩手県農村文化懇談会編
ものいわぬ農民　大牟羅良
死の灰と闘う科学者　三宅泰雄
ユダヤ人　J-P・サルトル 安堂信也訳

日本史

在日朝鮮人 歴史と現在	水野直樹・文京洙
京都〈千年の都〉の歴史	高橋昌明
唐物の文化史	河添房江
小林一茶 時代を詠んだ俳諧師	青木美智男
信長の城	千田嘉博
出雲と大和	村井康彦
女帝の古代日本	吉村武彦
聖徳太子	吉村武彦
秀吉の朝鮮侵略と民衆	北島万次
歴史のなかの大地動乱	保立道久
コロニアリズムと文化財	荒井信一
特高警察	荻野富士夫
中国侵略の証言者たち	岡部牧夫・荻野富士夫・吉田裕 編
朝鮮人強制連行	外村大
勝海舟と西郷隆盛	松浦玲
坂本龍馬	松浦玲
新選組	松浦玲
明治デモクラシー	坂野潤治
考古学の散歩道	田中琢・佐原真
古代国家はいつ成立したか	都出比呂志
王陵の考古学	都出比呂志
渋沢栄一 社会企業家の先駆者	島田昌和
前方後円墳の世界	広瀬和雄
木簡から古代がみえる	木簡学会編
中世民衆の世界	藤木久志
刀狩り	藤木久志
清水次郎長	高橋敏
国定忠治	高橋敏
江戸の訴訟	高橋敏
漆の文化史	四柳嘉章
法隆寺を歩く	上原和
正倉院	東野治之
平家の群像 物語から史実へ	高橋昌明
熊野古道	小山靖憲
シベリア抑留	栗原俊雄
戦艦大和 生還者たちの証言から	栗原俊雄
国防婦人会	藤井忠俊
東京大空襲	早乙女勝元
日本の中世を歩く	五味文彦
アマテラスの誕生	溝口睦子
中国残留邦人	井出孫六
証言 沖縄「集団自決」	謝花直美
幕末の大奥 天璋院と薩摩藩	畑尚子
金・銀・銅の日本史	村上隆
武田信玄と勝頼	鴨川達夫
邪馬台国論争	佐伯有清
歴史のなかの天皇	吉田孝
日本の誕生	吉田孝
沖縄現代史〔新版〕	新崎盛暉
戦後史	中村政則
環境考古学への招待	松井章
日本人の歴史意識	阿部謹也
飛鳥	和田萃

岩波新書より

奈良の寺　奈良文化財研究所編
植民地朝鮮の日本人　高崎宗司
漂着船物語　大庭脩
東西／南北考　赤坂憲雄
日本文化の歴史　尾藤正英
日本の神々　谷川健一
日本の地名　谷川健一
南京事件　笠原十九司
裏日本　古厩忠夫
日本社会の歴史　上・中・下　網野善彦
日本中世の民衆像　網野善彦
絵地図の世界像　応地利明
古都発掘　田中琢編
宣教師ニコライと明治日本　中村健之介
神仏習合　義江彰夫
謎解き洛中洛外図　黒田日出男
韓国併合　海野福寿
従軍慰安婦　吉見義明

中世に生きる女たち　脇田晴子
琉球王国　高良倉吉
平泉　よみがえる中世都市　斉藤利男
暮らしの中の太平洋戦争　山中恒
ルソン戦―死の谷　阿利莫二
江戸名物評判記案内　中野三敏
徴兵制　大江志乃夫
田中正造　由井正臣
日本文化史〔第二版〕　家永三郎
原爆に夫を奪われて　神田三亀男編
神々の明治維新　安丸良夫
神の民俗誌　宮田登
漂海民　羽原又吉
天保の義民　松好貞夫
太平洋海戦史　高木惣吉
太平洋戦争陸戦概史　林三郎
世界史のなかの明治維新　芝原拓自
昭和史〔新版〕　遠山茂樹　今井清一　藤原彰

管野すが　絲屋寿雄
福沢諭吉　小泉信三
吉田松陰　奈良本辰也
大岡越前守忠相　大石慎三郎
江戸時代　北島正元
織田信長　鈴木良一
豊臣秀吉　鈴木良一
京都　林屋辰三郎
日本国家の起源　井上光貞
日本の歴史　上・中・下　井上清
天皇の祭祀　村上重良
米軍と農民　阿波根昌鴻
伝説　柳田国男
岩波新書の歴史　付・総目録1938–2006　鹿野政直

シリーズ日本近世史

戦国乱世から太平の世へ　藤井譲治
村　百姓たちの近世　水本邦彦
天下泰平の時代　高埜利彦

岩波新書より

都　市　江戸に生きる　吉田伸之
幕末から維新へ　藤田　覚

シリーズ日本古代史

農耕社会の成立　石川日出志
ヤマト王権　吉村武彦
飛鳥の都　吉川真司
平城京の時代　坂上康俊
平安京遷都　川尻秋生
摂関政治　古瀬奈津子

シリーズ日本近現代史

幕末・維新　井上勝生
民権と憲法　牧原憲夫
日清・日露戦争　原田敬一
大正デモクラシー　成田龍一
満州事変から日中戦争へ　加藤陽子
アジア・太平洋戦争　吉田　裕
占領と改革　雨宮昭一
高度成長　武田晴人

ポスト戦後社会　吉見俊哉
日本の近現代史をどう見るか　岩波新書編集部編

岩波新書/最新刊から

1601 **原発プロパガンダ** 本間龍著

巨大な電力マネーと日本独自の広告代理店システムが実現した「安全神話」「豊かな生活」の刷り込み。戦後日本広告史の暗黒面を暴く。

1602 **ブラックバイト** 学生が危ない 今野晴貴著

学生を食い潰す「ブラックバイト」が社会問題化している。その恐るべき実態とは。親・教職員に向けて具体的な対策も提示する。

1603 **丹下健三** 戦後日本の構想者 豊川斎赫著

時代の精神を独自の美へと昇華させる構想力。多くの逸材を輩出した丹下シューレの活動とともに、世界のTANGEの足跡をたどる。

1604 **風土記の世界** 三浦佑之著

風土記は古代を知る、何でもありの宝箱。ヤマトタケルを天皇として描く常陸国、独自の国意識の現れる出雲国など、謎と魅力に迫る。

1581 **室町幕府と地方の社会** シリーズ 日本中世史③ 榎原雅治著

足利尊氏はなぜ鎌倉幕府の打倒に動いたのか。その後の公武一体の政治や、村々の暮らしとは。応仁の乱へと至る室町時代の全体像。

1605 **新しい幸福論** 橘木俊詔著

深刻化する格差、続く低成長時代。税、社会保障などの問題点を指摘しつつ、経済学だけでなく、哲学、心理学などの視点からも提言。

1606 **憲法と政治** 青井未帆著

安保・外交政策の転換、「改憲機運」の高まりに抗し、憲法で政治を縛るために課題の原点から考えぬく。若手憲法学者による警世の書。

1607 **中国近代の思想文化史** 坂元ひろ子著

儒教世界と西洋知の接続に命運を懸けた激動期中国の知性の軌跡を、進化論や民族論、革命論争が花開いた貴重な資料群から読み解く。

(2016.6)